J. BLANC   J.M. CART

# EN AVANT LA MUSIQUE

## 2

### méthode de français

Illustrateurs :
  NAPO
  P. MALAUSSENAT

Cle international
79, avenue Denfert-Rochereau  75014 PARIS

# PRÉAMBULE

EN AVANT LA MUSIQUE II est une méthode de français destinée aux adolescents de toutes nationalités de 12 à 14 ans, étudiant le français, en situation scolaire. Ce deuxième niveau s'adresse donc à des élèves qui commencent leur deuxième année de français.

Mais il convient aussi pour des jeunes, « faux débutants », qui reprennent l'étude du français après quelques années d'interruption.

EN AVANT LA MUSIQUE II se présente comme un feuilleton suivi avec deux groupes de personnages :
— une famille française : la famille DELAIR
— un enquêteur, « SIRIUS », chargé par un service de renseignements mystérieux, de surveiller la famille Delair. Il transmet ainsi à son service toutes sortes d'informations sur les Delair mais aussi sur la France et les Français.
Cette histoire suivie et humoristique permet de concilier la variété et la simplicité, le réalisme et la fantaisie.

EN AVANT LA MUSIQUE II est, bien sûr, la suite voulue d'EN AVANT LA MUSIQUE I, mais il peut être utilisé à la suite d'une autre méthode de niveau 1.
Il s'agit donc pour certains de « retrouvailles » et pour les autres d'une découverte !...
Mais pour les uns, comme pour les autres, de toute façon... EN AVANT LA MUSIQUE !

*Les auteurs*

## RÉFÉRENCES DES CHANSONS

| | | (Paroles et musique de) | |
|---|---|---|---|
| p. 6 | « Douce France » | Charles Trénet | Ed. BRETON |
| p. 12 | « Allô, tu m'entends ? » | Guy Béart | Ed. TEMPORELLE |
| p. 18 | « J'ai une maison » | Anne Sylvestre | Ed. ALLELUIA |
| p. 24 | « Il y a plus d'un an » | Guy Béart | Ed. TEMPORELLE |
| p. 30 | « J' suis d'accord » | F. Hardy/Samyn | Ed. ALPHA |
| p. 36 | « Allô maman, bobo » | A. Souchon/L. Voulzy | Ed. YOUYOU MUSIC |
| p. 42 | « Les Marchés de Provence » | G. Bécaud/Amade | Ed. RIDEAU ROUGE |
| p. 48 | « Où es-tu ? » | Y. Simon | Ed. José FERRET |
| p. 54 | « Le roi a fait battre tambour » | Mouloudji | (traditionnel) |
| p. 60 | « Les Amis d'autrefois » | Anne Sylvestre | Ed. INTERSONG |
| p. 66 | « Il est trop tard » | G. Moustaki | Ed. PAILLE |
| p. 72 | « Ça sert à quoi ? » | Maxime le Forestier | Ed. COINCIDENCE/ART MEDIA |
| p. 78 | « Un jour, tu verras » | Van Parys/Mouloudji | Ed. MERIDIAN |
| p. 84 | « Cœur de rocker » | Julien Clerc | Ed. CRECELLES/ART MEDIA |
| p. 90 | « Le chacha de l'insécurité » | Louis Chédid | disques C.B.S. |
| p. 96 | « A la porte du garage » | Charles Trénet | Ed. BRETON |
| p. 102 | « Nous partirons » | Yves Simon | Ed. CHAPPELL |
| p. 108 | « Dans la soupe à ma grand-mère » | Delanoë/Auffray | Ed. BARCLAY |
| p. 114 | « La Montagne » | Jean Ferrat | Ed. BARCLAY |
| p. 120 | « C'est la fête » | M. Fugain/M. Vidalin | Ed. LE MINOTAURE |

© CLE INTERNATIONAL, 1985.

# AVANT-PROPOS

EN AVANT LA MUSIQUE II comprend :
— 1 livre de l'élève (144 pages - 4 couleurs - 19 × 26).
— 1 cahier d'exercices (80 pages - 2 couleurs - 19 × 26).
— 3 cassettes de 60 minutes. (2 cassettes correspondant au livre de l'élève et 1 cassette correspondant au cahier d'exercices).
— 7 affiches murales (reprenant les illustrations des leçons « TU »).
— 1 livre du professeur (128 pages).

*∗∗*

**Le livre de l'élève** de « EN AVANT LA MUSIQUE II » contient **20 leçons**, classées en **3 types** de leçons :

♪ *7 leçons « TU » :* — Présentation de la famille DELAIR dans ses relations familiales, et amicales (les enfants avec leurs « copains »).
→ Dialogues *(langue des jeunes et langue familière).*

♪ *5 leçons « VOUS » :* — Présentation des DELAIR dans leurs relations sociales (les voisins) ou commerçantes.
→ Dialogues *(langue « standard »).*

♪ *8 leçons « ILS » :* — Notes de l'enquêteur chargé de surveiller la famille DELAIR et, par là même, de découvrir la France et les Français.
→ textes suivis *(langue écrite) :*
— rapports brefs et objectifs
— notes personnelles sur la France et les Français.

*Chaque leçon comprend 5 ou 6 moments :*

*Ouverture* — Dialogues et textes (enregistrés sur 📼).

*Accords* — Des extraits de chansons françaises authentiques destinés à favoriser l'écoute et le repérage des mots en situation mélodique (enregistrés sur 📼).

*Gammes* — Présentation et apprentissage de la grammaire.
— titres en noir pour les « résonances » (révision de la grammaire du niveau 1);
— titres en couleur pour les nouvelles acquisitions.

*Études* — Exercices oraux (« micro-dialogues » de réemploi, enregistrés sur 📼)

*Variations* — Communication libre et variée, sur des textes, des photos, des dessins humoristiques, des documents.

*Fugues* — Lecture suivie - pour le plaisir - de textes « littéraires » ou « informatifs », illustrés de dessins ou de documents authentiques (enregistrés sur 📼). 10 textes regroupés en fin de livre.

# LEÇON 1

**Mme Delair, Cécile et Frédéric**

1) **Mme D.**   Les enfants, j'ai quelque chose à vous dire. Nous allons quitter Paris.
   **C.**   Mais maman, ce n'est pas encore les vacances.
   **Mme D.**   Je n'ai pas parlé de vacances. Nous avons décidé de déménager pour aller habiter à Annecy.
   **C.**   A Annecy ? Mais pourquoi ?
   **Mme D.**   C'est un peu compliqué à expliquer. Nous ne pouvons pas tout vous dire maintenant mais nous devons aller à Annecy.
   **F.**   Ah non ! Moi, je ne veux pas m'en aller d'ici.
   **C.**   Ah bon ! Pourquoi ? Tu as peur des voyages ?
   **Mme D.**   Allons Cécile, sois gentille, laisse ton frère tranquille.
   **C.**   Bon... Bon... Mais moi, je suis bien contente de partir. C'est chouette de changer de ville.
   **F.**   Ça veut dire qu'il faut changer de copains ? Eh bien non ! je ne suis pas d'accord. Je préfère rester ici !
   **Mme D.**   Tu sais, Frédéric, nous aussi, nous sommes tristes de devoir quitter nos amis... Mais malheureusement c'est très important pour nous.

2) **F.**   Cécile, où as-tu mis ma carte ?
   **C.**   Quelle carte ?
   **F.**   Tu sais bien, ma carte de France. Tu l'as prise hier.
   **C.**   Elle est là, sur l'étagère à droite. Tu la vois ?
   **F.**   Ah oui !... Où est-ce, Annecy ? C'est loin ? C'est à combien de kilomètres d'ici ?
   **C.**   Regarde ta carte. Annecy c'est dans les Alpes au bord d'un lac. Les paysages sont beaux mais il fait terriblement froid en hiver. Les gens doivent rester chez eux. Ils ne peuvent pas sortir à cause de la neige. Ils ne peuvent pas voir leurs amis et il n'y a pas la télévision !

3) **Mme D.**   Qu'est-ce que tu racontes, Cécile ? Ce n'est pas vrai !
   **C.**   Alors Frédéric, tu as trouvé ?
   **F.**   Oui, mais je cherche une autre ville.
   **C.**   Quelle ville ?
   **F.**   Une ville interdite aux filles comme toi.

# PROJET DE DÉPART

## Accords

### DOUCE FRANCE

*Douce France, cher pays de mon enfance*
*Bercé de tendre insouciance*
*Je t'ai gardé dans mon cœur (bis)*

*Mon village*
*Au clocher, aux maisons sages*
*Où les enfants de mon âge*
*Ont partagé mon bonheur*
*Oui je t'aime et je te donne ce poème*
*Oui je t'aime dans la joie ou la douleur*

Charles Trénet

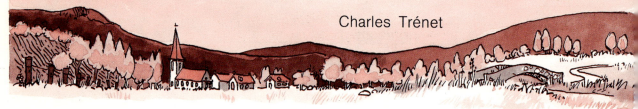

## Gammes

■ **Masculin, féminin, pluriel**

— Prends **un** vélo.
— **Quel** vélo ?
— **Ce** vélo, là.
— Mais c'est **mon** vélo ! (ton, son)

— Prends **une** carte.
— **Quelle** carte ?
— **Cette** carte, là.
— Mais c'est **ma** carte !

— Prends **des** livres et **des** photos.
— **Quels** livres et **quelles** photos ?
— **Ces** livres et **ces** photos, là.
— Mais ce sont **mes** livres et **mes** photos !

■ **Les possessifs**

mon, ma, mes   notre, nos
ton, ta, tes   votre, vos
son, sa, ses   leur, leurs

■ **Conjugaisons**

| **Vouloir** | **Pouvoir** | **Devoir** |
|---|---|---|
| Je veux | Je peux | Je dois |
| Vous voulez | Vous pouvez | Vous devez |
| Elles veulent | Elles peuvent | Elles doivent |
| Voulu | Pu | Dû |

■ **Adjectifs**

Il est { gentil /ʒɑ̃ti/     Elle est { gentille /ʒɑ̃tij/
        content /kɔ̃tɑ̃/              contente /kɔ̃tɑ̃t/

■ **Le-la-l'-les**

— Je veux **ce livre**.
— Tu **le** veux ? **Le** voilà.

— Où est **ta carte** ?
— Je ne **la** trouve pas.

— Appelle **Pierre** !
— Je **l'**appelle. Quel est son numéro ?
 l' = Marie ou Pierre (**la** ou **le**)

— Appelle **Marie et Pierre**.
— Je **les** appelle. Quel est leur numéro ?
 les = Marie et Pierre

■ **Les saisons**

du 22 décembre au 19 mars, c'est **l'hiver** (il neige)
du 20 mars au 20 juin, c'est **le printemps** (il fait moins froid)
du 21 juin au 21 septembre, c'est **l'été** (il fait chaud, il y a du soleil)
du 22 septembre au 21 décembre, c'est **l'automne** (il pleut, il y a du vent)

## Études

1. — Où sont tes timbres ?
    Je ne les trouve pas...
   — Les voilà.

   *timbres* → violon, vêtements, robe, pull, lunettes, poupée...

2. — Je cherche une carte...
   — Quelle carte ?
   — Ma carte de France
   — Elle est sur l'étagère

   *carte* → livre, disques, moto, jupe...
   *étagère* → table, armoire, garage, lit...

3. — J'ai quelque chose à vous dire :
    Je vais partir

   *je* → il, nous, elles...
   *partir* → habiter à Lyon, apprendre le chinois, commencer à...

4. — Et Laurent ?
   — Je dois le rencontrer ce soir
   — Tu es content de le voir ?
   — Oui, très content...

   *Laurent* → tes frères, Zoé, sa sœur...
   *Je* → nous, elles, il...

5. — Tu aimes Paris ?
   — Je préfère Annecy.
   — Pourquoi ?
   — Parce qu'Annecy est plus petit que Paris.

   *Annecy/Paris* → cinéma/télévision, café/bière, vélo/auto, campagne/ville...
   *petit* → sympa, moderne...

## 1. LA FAMILLE DELAIR

Cécile est la sœur de Frédéric. Elle a 15 ans. Son frère a un an de moins qu'elle (14 ans). Leurs parents ont tous les deux 36 ans et s'appellent Jacques et Catherine... Ils habitent Paris mais ils vont habiter Annecy l'année prochaine. Nous ne connaissons pas encore l'âge et le nom de leurs grands-parents, leurs cousins et cousines, leurs oncles et tantes...

*Présentez une famille que vous connaissez, ou présentez votre famille.*

## 2. EN SAVOIE

La Savoie est la région de montagnes située au sud du lac Léman (le lac de Genève) et au nord de Grenoble.
C'est une région de petites industries.
C'est aussi une région très touristique à cause de l'eau, des lacs, et des montagnes. L'eau : stations thermales à Aix-les-Bains, Évian, etc. Les lacs : lac Léman, lac d'Annecy, lac du Bourget, et beaucoup de petits lacs de montagne ; les hautes montagnes : massif du Mont-Blanc (*) (avec les stations de Chamonix, St-Gervais, Megève) et massif de la Vanoise (avec les stations de Tignes, Val d'Isère, Courchevel).

(*) Le mont Blanc (4 810 m) est la plus haute montagne d'Europe.

*Et votre région, où est-elle située ?*
*Elle est touristique ? Il y fait quel temps ?*
*Présentez-la.*

## 3. PUBLICITÉS TOURISTIQUES

Faites des publicités pour votre région.

## 4. DÉMÉNAGEMENT

*Est-ce que vous avez envie de déménager ? Pourquoi ?*
*Est-ce que vous avez déjà déménagé ?*
*Pour aller d'où à où ?*
*Avez-vous été contents de déménager ?*

# LEÇON 2

Cette conversation a eu lieu dans une langue mystérieuse.
Nous l'avons traduite en français

**Une standardiste, le colonel, chef du S.E.E. — Service des Enquêtes à l'Étranger —, l'agent S.E.E. 24**

1) **S.E.E. 24**   Allô ?
**Standard**   Allô, passez-moi l'agent numéro 24, s'il vous plaît. C'est de la part du colonel.
**S.E.E. 24**   L'agent numéro 24, c'est moi.
**S.**   Bien, ne quittez pas.

2) **C.**   Allô, S.E.E. 24 ?
**S.E.E.**   Oui, bonjour mon colonel. Comment allez-vous ?
**C.**   Bien, merci. Et vous, vous allez bien, vous n'êtes pas malade, j'espère ?
**S.E.E. 24**   Euh non !
**C.**   Vous savez que l'agent 08 est absent ?
**S.E.E. 24**   Oui, je ne l'ai pas vu hier... qu'est-ce qu'il a ?
**C.**   Il a eu un « accident » grave la semaine dernière. Il a été blessé au ventre, et

# UNE MISSION POUR SEE 24

|         | il est à l'hôpital. Il doit y rester un mois... Alors, je vous ai choisi pour le remplacer. Vous parlez français, n'est-ce pas ? |
|---------|---|
| S.E.E. 24 | Oui, un peu. |
| C. | Alors vous partez pour la France dans neuf jours. Nous avons besoin d'une enquête là-bas. |
| S.E.E. 24 | Et je dois aller où exactement ? |
| C. | A Annecy. |

3) S.E.E.   Annecy ? Comment ça s'écrit ?
C.   A, deux N, E, C, Y. C'est situé dans les Alpes françaises, au bord d'un lac, en Savoie. Il s'y passe des choses intéressantes...
Vous connaissez déjà la Savoie ?
S.E.E.   Non, je n'y suis jamais allé, mon colonel.
C.   Vous avez de la chance, jeune homme : vous allez voyager, voir une région agréable et être utile à votre pays ! C'est formidable, n'est-ce pas ?
S.E.E.   Euh oui, mon colonel, c'est formidable.
C.   Passez dans mon bureau cet après-midi, après le déjeuner. Je vais vous expliquer votre mission.
S.E.E.   Entendu, mon colonel. Je viens à quelle heure ?
C.   Attendez... Je ne sais pas encore. Rappelez-moi à 14 h 30.
S.E.E.   Entendu, mon colonel !

## Accords

### ALLÔ, TU M'ENTENDS ?

*J'appelle dans le vide*
*Je t'appelle au milieu de ma nuit*
*Mes mots s'en vont rapides*
*Iront-ils jusqu'à toi aujourd'hui ?*

*Allô allô, tu m'entends ?*
*Est-c' qu'il fait beau temps*
*Vers Saint-Raphaël ?*
*Ici, même sous la pluie*
*L'odeur me poursuit*
*D'un peu d'Estérel*

Guy Béart

## Gammes

■ **Le passé composé**

1) Avec **être**.
Les verbes : aller, entrer, tomber, monter, partir, sortir, venir... (**je suis** allé, entré, tombé, monté, parti, sorti, venu, descendu).
Les verbes « pronominaux » se promener, se laver, se tromper, se... (**je me suis** trompé).
2) Avec **avoir**.
Les autres verbes.

N.B. Avoir → j'ai eu. Être → j'ai été. Faire → j'ai fait.

3) **Terminaisons :**

— verbes en **-er** → **-é** (il a aim**é**, il s'est arrêt**é**, tu es entr**é**).

— verbes en **-ir** → **-i** (j'ai fin**i**, j'ai chois**i**, il a sent**i**, je suis part**i**).

— autres verbes :
prendre, apprendre, comprendre : je prends, vous prenez, ils prennent, pr**is**.
dire : je dis, vous dites, ils disent, d**it**.
écrire : j'écris, vous écrivez, ils écrivent, écr**it**.
ouvrir : j'ouvre, vous ouvrez, elles ouvrent, ouv**ert**.
lire : je lis, vous lisez, elles lisent, l**u**.
courir : je cours, vous courez, ils courent, cour**u**.
connaître, disparaître : je connais, vous connaissez, ils connaissent, conn**u**.
vendre, attendre, entendre, descendre : je vends, vous vendez, ils vendent, vend**u**.
venir : je viens, vous venez, ils viennent, ven**u**.
devoir, pouvoir, vouloir, savoir : je sais, vous savez, ils savent, s**u**.

■ **Où est-ce ?**

C'est...
C'est situé...
Ça se trouve...

— au sud, au nord, à l'est, à l'ouest, au sud-est...
— à 30 km d'ici, à une demi-heure d'ici en auto...
— très loin, loin, près, tout près d'ici, à côté...
— au bord d'un lac, au bord de la route, au bord de la mer...
— en montagne, à côté du port...

■ **Conjugaison**

**choisir** (comme finir et réussir)

| Je choisis
| vous choisissez
| elles choisissent
| choisi

■ **Le pronom « y »**

(Les Français sont paresseux, ils ne répètent pas)

— Je vais **à Paris**.
— Tu **y** vas comment ?     **y** =  dans / à / devant / derrière / etc.  + (pays, ville, rue, pièce, etc.)
— J'**y** vais en voiture.

— Il est **dans le garage** ?
— Non, il n'**y** est pas.

— Tu es déjà allé **en France** ?
— Non, je n'**y** suis jamais allé.

*1. Demain, j'achète un vélo / Hier, j'ai acheté un vélo.*
*L'an prochain, je vais apprendre l'espagnol / L'année dernière, j'ai appris l'espagnol.*

1. L'an prochain, je vais apprendre l'espagnol. → 2. L'autobus arrive dans 5 minutes. 3. Ce soir, elle va s'amuser avec ma poupée. 4. Nous allons encore l'attendre ! 5. Ils vont se baigner et se bronzer sur la plage. 6. Demain, il va faire beau. 7. Je vais le voir la semaine prochaine. 8. Ça ne va pas coûter très cher. 9. Vous allez écrire un roman ? 10. Tu vas l'entendre : il est formidable ! 11. Ils descendent dans un quart d'heure. 12. Je vais avoir 17 ans dans 3 jours.

*2.* — Je vais à Paris.
    — Vous y allez comment ?
    — J'y vais en voiture.

*Paris* → Lyon, chez Paul, la gare, le bord de la mer...
*voiture* → train, auto, avion, bus...

*3. Géographie et voyages*
— Où se trouve Tours ?
— C'est situé à 200 km au sud-ouest de Paris.
— Comment peut-on y aller ?
— Pour y aller, vous pouvez prendre le train par exemple...
— Et ça prend combien de temps, en train ?
— Environ 2 heures.

*Tours* → les autres villes de la carte.

## 1. TOURISME :

ÇA S'ÉCRIT COMMENT?
OÙ EST-CE?
C'EST AU BORD...
EN ...

*Imaginez les dialogues*

## 2. « POUR VENIR CHEZ MOI... »

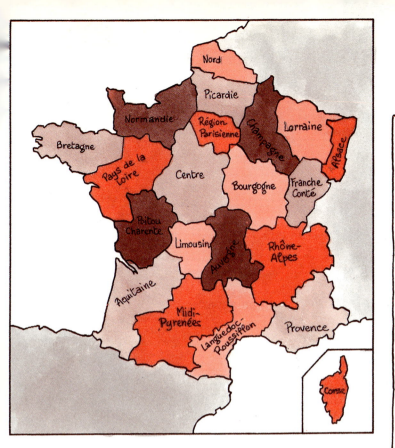

Chère Françoise,

Pour venir chez moi, tu prends le train à la gare principale, direction les Aubiers. Tu descends à Trifouillis-les-Oies.

À Trifouillis, tu prends le car jusqu'à St Cucufat. Tu arrives sur la place de l'église. Tu passes devant la Mairie. Tu prends la 1ère route à droite. Puis tu passes sur un petit pont ; c'est la 1ère maison à droite, elle est blanche.

Sophie

*Votre correspondant(e) va venir vous voir.*
*Expliquez-lui comment il/elle doit faire pour venir d'abord jusqu'à votre ville ou votre village, et ensuite jusqu'à votre appartement ou votre maison.*

# LEÇON 3

**Mme et M. Delair - Cécile et Frédéric**

1) C.  Ça va être chouette ! je vais sûrement aimer cet appartement !
   F.  Bof ! moi je n'aime pas les appartements. Pourquoi on n'a pas choisi une maison ?
   Mme D.  Une maison ne coûte pas le même prix qu'un appartement, Frédéric !
   F.  Eh bien moi, je préfère une maison !
   Mme D.  Frédéric !... tu n'es jamais content !

2) Mme D.  Nous sommes arrivés. C'est ici.
   M. D.  L'immeuble a l'air très bien, vous ne trouvez pas ?
   Mme D.  Si, et il est bien situé. Regardez le plan : on est dans le centre, mais dans un quartier qui a l'air calme.
   C.  C'est à quel étage ?
   Mme D.  Au deuxième.
   C.  Comme à Paris.
   Mme D.  Oui, mais ici, c'est plus calme.
   F.  Il y a un ascenseur ?
   C.  Tu as besoin d'un ascenseur, toi ! Tu es sportif, non ?
   F.  Plus sportif que toi !

3) Mme D.  Voilà, vous pouvez entrer, nous sommes chez nous.
   C.  Quel grand séjour ! Et la cuisine aussi est grande.
   F.  Moi, il y a une seule chose qui m'intéresse, c'est ma chambre. Où est-ce qu'elle est ?
   Mme D.  Écoute, Frédéric, il y a quatre chambres dans cet appartement, et on a besoin de trois chambres. Alors il ne doit pas y avoir de problème !

4) C.  La grande chambre, elle est sûrement pour vous. Alors, est-ce que je peux prendre la petite, ici ?
   Mme D.  Bien sûr ! Et la chambre qui est à côté du séjour, ça va être la chambre d'amis.
   F.  Et voilà ! Tout le monde a choisi et moi je dois prendre la chambre qui reste.
   Mme D.  Oh ! écoute, Frédéric, ne grogne pas ! Elle a la même surface que l'autre.
   F.  Peut-être, mais je préfère cette chambre. J'ai le droit de choisir, moi aussi.
   Mme D.  Quel caractère ! Regarde, en plus, ici il y a une petite douche.
   C.  Tu vas enfin pouvoir te laver !!

# ÇA VA ÊTRE CHOUETTE !

## Accords

**J'AI UNE MAISON PLEINE DE FENÊTRES**

J'ai une maison
Pleine de fenêtres
Pleine de fenêtres
En large et en long

Et des portes aussi
Faut le reconnaître
Et des portes aussi
Il faut bien sortir

Et un escalier
Qui grimpe qui grimpe
Et un escalier
Qui fait mal aux pieds

Anne Sylvestre

## Gammes

■ **Le démonstratif**

Quel plan ? → **Ce** plan.
Quelle chambre ? → **Cette** chambre.
Quel immeuble ? → **Cet** immeuble.
(**cet** ami, **cet** ascenseur, **cet** hôtel)

■ **moi, toi...**

| je ⟶ pour **moi** | on/nous ⟶ pour **nous** |
| tu ⟶ pour **toi** | vous ⟶ pour **vous** |
| il ⟶ pour **lui** | ils ⟶ pour **eux** |
| elle ⟶ pour **elle** | elles ⟶ pour **elles** |

soi - one

■ **1$^{er}$, 2$^e$, 3$^e$...**

1$^{er}$ = premier, première ; 2$^e$ = deuxième ; 3$^e$ = troisième ; 4$^e$ = quatrième ;
5$^e$ = cinquième ; 6$^e$ = sixième ; 7$^e$ = septième ; 8$^e$ = huitième ; 9$^e$ = neuvième ;
10$^e$ = dixième ; 11$^e$ = onzième ; 12$^e$ = douzième ; 13$^e$ = treizième ; 14$^e$ = quatorzième ;
15$^e$ = quinzième ; 16$^e$ = seizième ; 17$^e$ = dix-septième ; 18$^e$ = dix-huitième ;
19$^e$ = dix-neuvième ; 20$^e$ = vingtième ; 21$^e$ = vingt et unième ........, dernier, dernière

■ **Le pronom relatif « qui »**

J'ai des amis. Ils habitent Annecy.
→ J'ai des amis **qui** habitent Annecy.

J'ai trouvé un appartement. Il est assez grand.
→ J'ai trouvé un appartement **qui** est assez grand.

■ **Conjugaison**

**Se laver**
**Je me** lave les mains
**Tu te** laves les pieds
**Il se** lave les dents...

■ **Le/la/les même(s)... que**

Ce n'est pas **le même** prix **qu'**un appartement.
J'habite **la même** rue **que** les Delair.
Tu as **les mêmes** lunettes **que** moi.

---
## Études
---

1. Il a une belle voiture !
   — J'ai un ami qui a la même que lui.

   | une voiture → des disques, une chambre, un pull, un appartement...
   | lui → moi, elles, ...

2. Mme Delair habite à quel étage ?
   — Au deuxième étage à gauche.

   Mme Delair → M. Blanchard, Mlle Sauvet, Mme Fournier...

3. J'ai trouvé un appartement qui fait 60 mètres carrés, qui a 3 pièces et qui coûte 3.500 F par mois.

   **PONT MIRABEAU**
   GRAND 4 PIÈCES, BAINS 6ᵉ ÉT., BALCON, ASCENS. gar. 4.000 F/mois. 329-86-06.

   **PLACE IÉNA**
   Très beau 6 P., 230 m², séjour + 5 chbres, 2 bns, lumière, soleil. 7.500 F/mois. Bureau. 766-32-11. Dom. 720-65-19.

4. Tu vois ce bus ? Il s'arrête.
   = Tu vois le bus qui s'arrête ?

   | Tu vois ce bus ? Il s'arrête →
   | Tu veux cette chambre ? Elle a deux fenêtres =
   | Vous entendez les enfants ? Ils s'amusent. =
   | Voilà le taxi, il arrive =
   | Achète cette cassette, elle te plaît =
   | Regarde le professeur, il parle =

5. Oh ! c'est drôle, Luc a la même bicyclette que toi !

   | Luc/bicyclette/toi →
   | François/caractère/Frédéric
   | Fabrice/bus/Zoé (Fabrice prend le...)
   | Luc/bandes dessinées/moi (Luc aime...)

### 1. UN AMI QUI...

J'ai un ami qui a rencontré un homme qui connaît un garçon qui a parlé avec un Anglais qui est allé au cinéma avec une Chinoise qui...

*Continuez avec quelques verbes :*

aimer, préférer, appeler, chercher, détester, écouter, quitter, tuer, s'amuser avec..., habiter avec..., travailler avec..., voyager avec...

*et quelques noms :*

fille, gendarme, avocat, colonel, standardiste, chanteur, actrice, journaliste, etc.

### 2. APPARTEMENTS

*Décrivez cet appartement*

*Décrivez votre appartement, votre chambre*

## 3. LA MAISON DE VOS RÊVES

C'est une maison ou un appartement ?
En ville ou à la campagne ?
........ ? Pourquoi ?
En ville : dans le centre ou dans la banlieue ?

A la campagne : seule ou dans un village ?
Grande ou petite ? Combien de pièces ?

# *LEÇON 4*

Sirius au S.E.E.

Annecy, le 31 mai

Je suis à Annecy depuis hier, à l'Hôtel du Lac (téléphone 50.23 12 12), 24, rue Couperin. Les Delair habitent la même rue, au numéro 36, dans un immeuble de six étages. Leur appartement est au deuxième étage. Jacques et Catherine Delair habitent Annecy depuis 3 semaines avec leurs deux enfants Catherine et Frédéric.
Voici quelques informations sur Annecy et des photos.

<u>Très important</u> : la Suisse est à 30 kilomètres

Sirius

**Annecy** (74000), ch.-l. du dép. de la Haute-Savoie, sur le *lac d'Annecy* (qui occupe une partie de la *cluse d'Annecy*), à 524 km au sud-est de Paris ; 54 954 h. (*Anneciens*). Évêché. Château (XV$^e$-XVI$^e$ s.) ; cathédrale (XVI$^e$ s.). Textiles. Électrométallurgie. Industries alimentaires. — L'arr. a 10 cant., 93 comm., 161 820 h.

# UNE JOLIE VILLE

Le 31 Mai

① Et voilà, je suis en France
Et je vais écrire mon journal en français... Parce que je suis français maintenant! Le 2 Mai, le Colonel m'a appelé dans son bureau, il m'a donné une mission (ma première mission). Il faut surveiller une famille, les Delair, et essayer de trouver quelque chose.
Trouver quoi ? Je ne sais pas. On ne pose pas de questions au Colonel, alors je n'ai rien demandé. J'ai reçu ce matin un message du Colonel. Il me dit que maintenant je m'appelle Claude Langlois, que je suis journaliste et il m'envoie un passeport français.
Il ajoute que pour le bureau du S.E.E., je m'appelle Sirius.
J'ai écrit ce matin au S.E.E. mon premier message signé Sirius.

② Je suis arrivé à Paris il y a 3 jours et je suis à Annecy depuis hier. La ville me plaît. C'est une jolie petite ville. Le Lac d'Annecy, plus petit que le lac de Genève est très joli aussi.
Il y a un château, beaucoup de vieilles rues et d'églises et aussi des canaux. Bien sûr, ils ne sont pas aussi grands qu'à Venise ! Il n'y a pas de métro comme à Paris mais des autobus et des taxis. Je trouve que c'est mieux pour regarder le paysage. Bon, je ne suis pas là pour faire du Tourisme mais pour faire une enquête. Pour le moment, je ne sais presque rien. Qui sont les Delair ? Pourquoi est-ce que je dois les surveiller ?
Mystère !

## Accords

### IL Y A PLUS D'UN AN

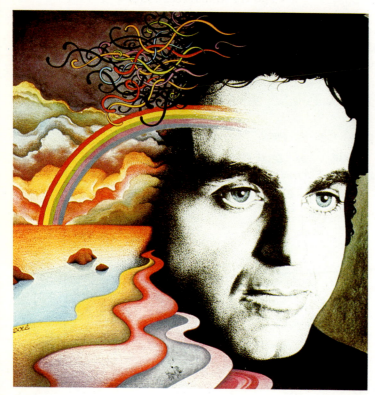

Il y a plus d'un an
Il y a plus d'un an
Il y a plus d'un an que je t'attends
Il y a plus d'un an
Il y a plus d'un an
Ça fait quelque temps déjà
Ça fait quelque temps, t'entends
Pourquoi déjà ?

La première fois
La première fois
La première fois j'étais là
La première fois
La première fois
Une heure avant toi déjà
Une heure avant toi toi toi
Pourquoi déjà ?

Guy Béart

## Gammes

■ Depuis/il y a

— Je suis à Annecy **depuis** 2 semaines : je suis à Annecy **depuis** le 17 mai
— Je suis arrivé à Annecy **il y a** 2 semaines.

— J'apprends le français **depuis** un an ⊗ —— 1 an ⟶ ⊗ maintenant
— J'ai commencé à apprendre le français **il y a** 1 an.
    ⊗ ⟵ 1 an —— ⊗ maintenant
    ↑
Je commence

■ Le discours rapporté

« Il fait beau » (Qu'est-ce qu'il dit ?) → Il dit qu'il fait beau.
« Je suis contente » → Elle dit qu'elle est contente.
« Non, je ne dors pas » → Il dit qu'il ne dort pas.
« Le français c'est facile et c'est ma langue préférée » →
Elle dit que le français est facile et elle ajoute que c'est sa langue préférée.

## ■ Les pronoms personnels indirects

(Je)   il **me** parle
(tu)   il **te** donne (quelque chose)
(elle) il **lui** téléphone
(il)   il **lui** achète (quelque chose)

(on/nous) il **nous** apprend (quelque chose)
(vous)    il **vous** dit (quelque chose)
(elles)   il **leur** demande (quelque chose)
(ils)     il **leur** écrit

**me** (= à moi), **te** (= à toi)...

## ■ Conjugaison

**Essayer/envoyer**
— j'essaie, j'envoie
— nous essayons, nous envoyons
— ils essaient, ils envoient
— essayé, envoyé

## ■ Quelque chose ≠ ne... rien

— Il dit quelque chose ? — Non il **ne** dit **rien.**
— Tu as vu quelque chose ? — Non, je **n'** ai **rien** vu.

---

## Études

1. — Je commence mon enquête.
   — Qu'est-ce qu'il dit ?
   — Il dit qu'il commence son enquête.

   | Je commence mon enquête →
   | Je ne suis pas français.
   | Jacques a été malade.
   | Nous parlons aussi anglais.
   | Catherine est mon amie.

2. Vous m'attendez depuis longtemps ?
   — Non, je suis arrivé il y a une minute.

   | Vous m'attendez depuis longtemps →
   | — Tu es arrivé il y a longtemps ?...
   | — Tu le connais depuis longtemps ?...
   | — Vous apprenez le français
   |   depuis longtemps ?...
   | — Vous le savez depuis longtemps ?...
   | — Vous... depuis longtemps ?...
   | — Tu... il y a longtemps ?...

3. A qui tu parles ? A moi ?
   — Oui, je te parle.

   | A moi → à Jacques,
   | à ses parents, à nous,
   | à Françoise...

## 1. ANNECY

*Vous devez habiter à Annecy. Regardez le plan : quel quartier d'Annecy est-ce que vous choisissez ? Pourquoi ?*

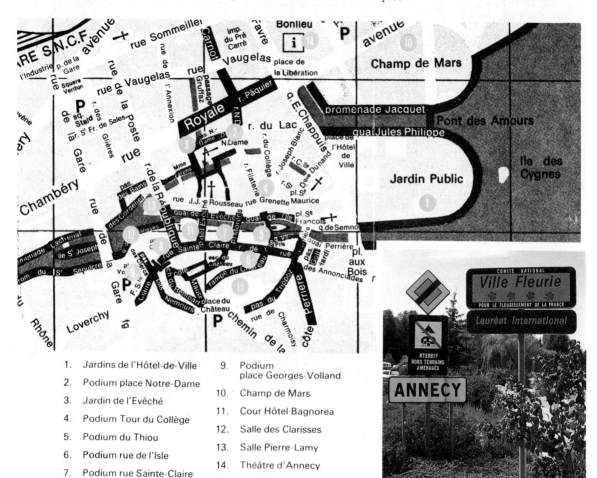

1. Jardins de l'Hôtel-de-Ville
2. Podium place Notre-Dame
3. Jardin de l'Evêché
4. Podium Tour du Collège
5. Podium du Thiou
6. Podium rue de l'Isle
7. Podium rue Sainte-Claire
8. Podium place Sainte-Claire
9. Podium place Georges-Volland
10. Champ de Mars
11. Cour Hôtel Bagnorea
12. Salle des Clarisses
13. Salle Pierre-Lamy
14. Théâtre d'Annecy
15. Le Château

## 2. VOTRE VILLE

*Présentez votre ville ou votre village
(Sur le modèle de la présentation
d'Annecy par Sirius, page 23.)*

## 3. ALLÔ ? J'ENTENDS MAL

- VOUS VENEZ CHEZ MOI...
- PARDON, VOUS ÊTES CHINOIS?
- VOUS PRENEZ LE METRO...
- AH! BON, JE PRENDS LE BATEAU.
- VOUS PRENEZ LA RUE DE DROITE ET VOUS ARRIVEZ.
- AH! BON, JE PRENDS UNE ROUTE DROITE ET J'ARRIVE
- VOUS VENEZ DEMAIN?...
- PARDON? VOUS ÊTES AMÉRICAIN?

*Racontez l'histoire. Continuez le dialogue*

# LEÇON 5

**1. Cécile, Frédéric et leurs copains Stéphane, Luc, Delphine (au café)**

L.  Vous avez vu l'émission sur le Mexique hier soir à la télé, sur la première chaîne ?

D.  Oui, je l'ai vue. Moi, je regarde la télévision tous les soirs.

L.  Comment tu l'as trouvée, l'émission ?

D.  Super ! En général, je n'aime pas les programmes de la première chaîne, je les trouve ennuyeux ou stupides.

L.  D'accord, mais qu'est-ce que tu as pensé exactement de l'émission ?

D.  Ben... je pense que le film a bien montré comment on vit au Mexique. Et toi, Cécile ?

C.  Oui, tu as raison, et en plus, quand on voit un film comme ça, on a envie d'aller dans le pays.

F.  Tu trouves ? Moi, j'aime pas ces émissions. Elles sont toujours ennuyeuses.

L.  Ah non ! J' suis pas d'accord avec toi, le Mexique c'est vachement loin et j' peux pas y aller, alors la télé, c'est mieux que rien, non ?

F.  Moi, je suis contre la télé, la meilleure émission de télé est toujours moins bonne que le plus mauvais film.

C.  Hein ? Quoi ? Qu'est-ce que tu racontes ? Tu es fou !

F.  Toi, tu es stupide ! Tu ne comprends jamais rien...

D.  Et toi, tu es toujours contre tout !

**2. Les mêmes (moins Delphine), au bord du lac**

C.  Luc, tu n'as pas envie de jouer aux cartes avec nous ?

L.  Non, j'ai pas l' temps maintenant.

S.  Pas le temps ! Tu n'as pas le temps de jouer aux cartes avec tes meilleurs copains ? Tu es malade ?

L.  Non, mais je vais au ciné voir un film policier. Tu sais, au « Rex »...

S.  Ah oui, « Le... », euh, attends, « Le... », zut ! j'ai oublié le titre.

F.  Je l'ai vu, moi, ce film. Il est complètement débile ! Reste avec nous, va !

L.  Non, je n'aime pas beaucoup les cartes et en plus vous jouez mieux que moi.

C.  Oh Luc, t'es pas marrant ! Mais tu y vas seul, au cinéma ?

L.  Hein ? Euh... non, j'y vais avec un copain.

C.  Quel copain ?

L.  Tu ne le connais pas. Tu ne l'as jamais vu.

C.  Un copain ?... Il ne s'appelle pas Delphine, ton copain ?

# QU'EST-CE QUE TU AS FAIT HIER SOIR ?

# Accords

## J' SUIS D'ACCORD

*J' suis d'accord pour le cinéma*
*Pour le rock ou pour le chacha*
*J' suis d'accord pour tout ce que tu voudras*
*Mais ne me demande pas*
*D'aller chez toi.*

*J' suis d'accord : ensemble on est heureux*
*J' suis d'accord : on fait de notre mieux*

*Ça peut durer peut-être un mois ou deux*
*Si tu ne me demandes pas*
*D'aller chez toi.*

Françoise Hardy

# Gammes

■ **Toujours, jamais**

toujours, tout le temps
très souvent
souvent

de temps en temps
peu souvent
parfois
jamais

■ **La fréquence**

tous les ans (= 1 fois par an)
tous les mois (= 1 fois par mois)
tous les 15 jours (= 2 fois par mois)
toutes les 5 minutes (= 12 fois par heure)

■ Quand

**Quand** je suis fatigué, je me couche et je dors.
**Quand** il est arrivé, il n'a pas dit bonjour.
Tu as vu Cécile **quand** ? **Quand** je suis allé au bord du lac.

### ■ Le superlatif

Cette émission est moins bonne que les autres : c'est **la plus mauvaise du** programme.
Ce film est meilleur que tous les autres : c'est **le meilleur de** l'année.

**bon → le meilleur**

**a) adjectifs avant le nom** : beau, grand, petit, vieux, jeune...
→ la plus vieille ville d'Europe
→ le plus beau film de l'année

**b) adjectifs après le nom** : (presque tous)
L'homme le plus riche du monde

« Anticonstitutionnellement » est le mot français le plus long.

Le mot le moins long est « à ».

Attention ! Un homme grand (1 m 90) ≠ Un grand homme (Napoléon)

### ■ D'accord/pas d'accord

— je suis d'accord (avec toi)
— c'est vrai
— c'est exact
— tu as raison
— je suis pour (ton idée)

— je ne suis pas d'accord (avec toi)
— ce n'est pas vrai
— c'est faux
— tu as tort, tu te trompes
— je suis contre (ton idée)

---

## Études

1. — J'ai bien aimé ce film :
   il est très bon.
   — Oui, c'est le meilleur de
   l'année.

   | *aimer* → adorer, détester...
   *ce film* → ce livre, ces cassettes,
   ce disque, cette histoire...
   *bon* → mauvais, sympa, ennuyeux...

2. Il ne faut pas boire tout le temps !
   Il faut boire de temps en temps
   et seulement quand on a soif.

   | *boire* → manger,
   dormir, travailler (!)

3. Je suis d'accord avec lui.
   — Eh bien moi, je ne suis pas d'accord !

   | Je suis d'accord →
   — C'est vrai
   — Il a raison
   — C'est exact
   — Je suis pour
   — C'est faux
   — Tu te trompes

## 1. QUAND...

— Quand j'ai soif, je prends un café ; quand je prends un café, je ne dors pas ; quand je ne dors pas...

*Continuez*

— Quand Sophie travaille, je me repose. Quand je me repose, elle n'est pas contente, quand elle n'est pas contente, je...

*Continuez*

## 2. LA TÉLÉVISION FRANÇAISE

*Choisissez votre programme de ce soir. Expliquez pourquoi vous le choisissez.*

| **TF1** | | **A2** | | **FR3** | |
|---|---|---|---|---|---|
| 18.05 | Votre auto a 100 ans | 18.00 | Films et jeux pour les petits | 19.00 | La politique en 10 minutes |
| 18.15 | Histoires pour les enfants | 18.40 | Jeu : le mot le plus long | 19.10 | Jeu « quel est le mot ? » |
| 19.15 | Le prix de vos vacances | 19.00 | Les films à Paris, cette semaine | 19.30 | Actualités régionales |
| 19.40 | Les sports de la semaine | 19.30 | Grand Prix de Formule 1 | 19.55 | Pour les enfants : une B.D. pour la télé « Les enquêtes de l'Inspecteur X » (25ᵉ épisode) |
| 20.00 | Journal | 20.00 | Les informations politiques et sociales en France et dans le monde | | |
| 20.25 | Le temps pour demain | | | | |
| 20.30 | La politique en France | | | 20.45 | Chanteuses et chanteurs de rock |
| 21.50 | Dialogue avec des agriculteurs africains | 20.35 | Film : « Le Cercle Noir » | 22.20 | Journal |
| | | 22.05 | Les artistes français aujourd'hui | 22.40 | La musique française au XVIᵉ siècle avec l'orchestre d'Annecy |
| 22.35 | Film : « Passions mexicaines » | 23.15 | L'actualité sportive : les championnats d'Europe d'athlétisme | | |
| 23.50 | Fin des émissions | | | 23.15 | Émission médicale |
| | | 01.30 | Fin des émissions | 23.40 | Bonne nuit ! |

## 3. A VOUS DE PARLER

*Et vous, qu'est-ce que vous pensez de la télévision ?*
*Vous êtes « pour » ou « contre » ? Pourquoi ?*

## 4. LES FILMS DE CETTE SEMAINE

| GENRE | TITRE DU FILM | SALLES |
|---|---|---|
| Film documentaire | DE MAO A MOZART | Capri, Saint-Ambroise |
| Western | LE DERNIER COW-BOY | Gaumont Ambassade, Vox |
| Comédie musicale | UNE CHAMBRE EN VILLE | Panthéon, Ciné Beaubourg |
| Drame psychologique | UN DIMANCHE A LA CAMPAGNE | Studio Cujas, Templiers |
| Comédie dramatique | LES UNS ET LES AUTRES | La Pagode |
| Science-Fiction | LA PLANÈTE SX. | Montparno |

*Choisissez votre film.*
*Qu'est-ce que vous préférez ?*
*Les films policiers, les westerns,*
*les films de science-fiction, etc. ?*
*Pourquoi ?*

*Cherchez des titres de films :*

— **Nom + adjectif** : Carrefour dangereux, Amérique interdite...
— **Nom + de + nom** : l'Homme de Rio, la Femme du Voisin...
— **Phrase** : Je t'aime toujours...

## 5. LE SOIR

— Qu'est-ce que tu fais, le soir, en général ?
— ...
— Tu la regardes souvent ?
— ...
— Et les films policiers, qu'est-ce que tu en penses ?
— ...
— Tu les détestes ? Pourquoi ?
— ...
— Et tu vas souvent au cinéma ?
— ...

— *Imaginez les réponses*
— *Continuez*

# LEÇON 6

Sirius au S.E.E.

J'ai commencé à surveiller les Delair. Ce matin, M. Delair est sorti de chez lui à 8h avec une petite valise noire. Il a pris un taxi. A 9h, Mme Delair est sortie, avec une petite valise noire, elle aussi. Elle a pris sa voiture. Le numéro de cette voiture est 3524 EFX 75. Les enfants sont sortis un peu plus tard avec les mêmes petites valises noires.
Ils sont allés dans un café, et ils y ont rencontré des amis. Mais ils n'ont pas ouvert leur valise. Je continue mon enquête. Tout va bien.

# DRÔLE DE LANGUE, LE FRANÇAIS !

le 1er Juin -

1. Aujourd'hui Samedi, premier jour d'enquête. Elle commence mal ! Si je continue comme ça, je vais devoir rester longtemps à Annecy !

Premier problème : j'ai suivi les enfants et je les ai écouté parler avec leurs amis (eux, ils disent "copains"). Ce n'est pas facile de comprendre les jeunes Français ! Ils parlent très vite, trop vite pour moi. Ils ne prononcent pas tout : par exemple, ils disent "J'sais pas" pour "je ne sais pas", "débile" pour "stupide" et "marrant" pour "drôle" ou "amusant".

"C'est super" ; ça veut dire que c'est "très bien", pardon "vachement bien" parce que "vachement" remplace "très" ou "beaucoup".

Vachement bizarres, ces Français !

2. Autre problème - Quand j'arrive au café, je vois les enfants à une table, à la terrasse. Le garçon arrive et ...

moi : "Cette table-là est libre ?
le garçon : C'est pour consommer ?
moi : Pardon ?... Qu'est-ce que ça veut dire "consommer" ?
le garçon : Vous voulez prendre quelque chose ?
moi : Prendre... euh, ah oui, je voudrais un café.
le garçon : Déca ?
moi : Pardon ? Je n'ai pas bien compris.
le garçon : Décaféiné ?
moi : euh, non, rien avec le café, merci."

Et le garçon est parti mais il ne m'a pas apporté mon café. Si je ne comprends pas mieux le français, je vais avoir beaucoup de problèmes.

## Accords

### ALLÔ MAMAN BOBO

Je marche tout seul le long de la ligne de chemin de fer
Dans ma tête y'a pas d'affaire
Je donne des coups de pied dans une petite boîte en fer
Dans ma tête y'a rien à faire
J' suis mal en campagne
J' suis mal en ville
Peut-être un petit peu trop fragile

Allô Maman bobo
Maman comment tu m'as fait ? J' suis pas beau
Allô Maman bobo
Allô Maman bobo

Alain Souchon

## Gammes

■ **Si**

**Si** tu viens en France, viens chez moi.
**Si** tu es d'accord, on va prendre un taxi.
**S'il** arrive, appelle-moi (« si il » → **s'il**).
Je regarde la télé seulement **si** je suis seul(e).
Tu peux **si** tu veux.

■ **Beaucoup, trop, assez...**

| | |
|---|---|
| Il fume **beaucoup**. | il ne mange **pas assez**. |
| Il fume **trop**. | il ne mange **pas beaucoup**. |
| Il fume **beaucoup trop**. | il ne mange **pas du tout**. |

- avec un nom et un verbe : **beaucoup**   beaucoup d'argent — il mange beaucoup
- avec un adjectif et un adverbe : **très**   il est très grand — il parle très vite.

■ **Je n'ai pas compris**

| | |
|---|---|
| Vous ne comprenez pas → | Pardon ?/Qu'est-ce que vous dites ?/ Quoi ?/Je ne comprends pas. |
| Vous comprenez mal → | Vous pouvez répéter, s'il vous plaît ?/ Parlez lentement, s'il vous plaît. |
| Vous ne savez pas un mot → | Comment on dit « ... » en français ? (J'ai oublié.) |
| Vous ne comprenez pas un mot → | Qu'est-ce que ça veut dire « ... » ? |

■ Conjugaison

**Suivre**
je suis
vous suivez
ils suivent
suivi

Je suis un homme (?)
**suivre** → je suis, tu suis, il suit...
**être** → je suis, tu es, il est...

## Études

1. — Il est très gros.
   — Oui, il mange beaucoup trop.

   *gros/manger* → fatigué/dormir, fatigué/travailler, sale/se laver, mauvais en maths/apprendre ses leçons, romantique/aller souvent au cinéma
   *trop* → pas assez...

2. — S'il fait froid, prends un pull !
   — Oui, mais si je prends un pull je vais avoir trop chaud

   *froid/pull/chaud*
   → chaud/douche/froid
   être malade/aller chez le médecin /donner des médicaments...

3. — Qu'est-ce que vous prenez ?
   — Un café et une bière, s'il vous plaît.
   — Oui, tout de suite...
   Voilà ! Alors ça fait 4,50 F (quatre francs cinquante) pour le café et 6 F (six francs) pour la bière : 10,50 F (dix francs cinquante).

   *un café et une bière* →
   un jus d'orange et une limonade (8 F et 6,50 F),
   un chocolat chaud et un thé... (7 F et 5,30 F)

## 1. LES LANGUES RÉGIONALES

Bien sûr, tous les Français (et même les étrangers — il y en a 4 500 000 en France) parlent français. Ils ne prononcent pas tous de la même façon mais tout le monde se comprend. Mais il ne faut pas oublier les langues régionales : le breton, le corse, le basque, l'occitan, l'alsacien, le catalan.

— Est-ce qu'il y a des langues régionales dans votre pays ?
— Est-ce que vous en parlez une ?
— Est-ce que tout le monde prononce votre langue de la même façon ?

## 2. LES FRANÇAIS PARLENT PARFOIS TROP VITE

Faites une longue phrase en français et dites-la très vite à votre voisin(e). Il devra ensuite vous répéter cette phrase sans se tromper.

## 3. C'EST DE « L'ARGOT » ?

— Comment ça va ?
— Vachement bien. Et toi ?
— Bof ! J'ai trop de boulot.
— Mais c'est chouette, le boulot.
— Moi je trouve ça « débile ».

Qu'est-ce que ça veut dire ?
Traduisez « en français courant » :

Est-ce que vous trouvez que le français est une « drôle de langue » ? Pourquoi ?

Est-ce que les jeunes ont une langue « différente » dans votre pays ?

## 4. SI...

Si je regarde un film policier, j'ai peur ; si j'ai peur je ne peux pas dormir ; si je ne peux pas dormir, je lis ; si je lis, c'est un roman policier ; ...

*Continuez*

# LEÇON 7

### 1. Au marché. M. et Mme Delair, Cécile, Frédéric

C.      Dites, on prend des fruits ? Moi, j'aime beaucoup les fruits...
M.D.      Tu as vu les fraises ? Elles sont superbes, on en prend ?
Mme D.      Si tu veux. Elles coûtent seulement 9 F le kilo.
M. D.      Si vous voulez de la viande, le bifteck est à 76 F le kilo et les côtelettes coûtent 45 F seulement. C'est moins cher qu'à la boucherie. On en prend un paquet de quatre ?
Mme D.      Bonne idée. Et maintenant, on va acheter des légumes : des tomates, de la salade et des pommes de terre.
F.      Moi, je n'aime pas les pommes de terre !

### 2. A l'épicerie. M. Delair, Cécile et l'épicier

M. D.      Qu'est-ce qu'on prend, Cécile ? Tu as la liste ?
C.      Eh bien, du lait, du sucre, des œufs, de l'huile. C'est tout, je pense.
M. D.      Monsieur, s'il vous plaît, donnez-moi un litre de lait, 125 g de beurre, six litres d'huile et cinq kilos de sucre.
E.      Voilà, monsieur, et avec ça ?
C.      Papa, je te dis qu'on a besoin d'œufs ! on en prend deux douzaines, non ? Ah ! et aussi deux bouteilles de limonade.
M. D.      Des œufs, d'accord, mais pas de limonade, tu en bois trop ! Ce n'est pas bon pour toi !

### 3. A la boulangerie. Mme Delair, Frédéric, la boulangère

B.      Vous désirez ?
Mme D.      Je voudrais une baguette et un gros pain, s'il vous plaît.
B.      Nous avons du pain de campagne aujourd'hui, il est très bon.
Mme D.      Ah ! alors un gros pain de campagne, s'il vous plaît.
B.      Voilà, madame, c'est tout ? Pas de gâteaux, aujourd'hui ?
F.      Oh, dis, maman, on peut en prendre ? J'aime beaucoup les tartes aux fraises.
Mme D.      D'accord, j'en prends une petite pour toi et je prends un gros gâteau à la crème pour nous.
F.      Pourquoi pas de gâteau à la crème pour moi ?
Mme D.      Mais toi, tu as ta tarte aux fraises !
F.      Oui, mais un morceau de gâteau, c'est plus gros qu'une tarte !
Mme D.      Frédéric, vraiment ! Tu es terrible !

# TU AS VU LES FRAISES ?

## Accords

### LES MARCHÉS DE PROVENCE

(Refrain)

*Voici pour 100 francs du thym de la garrigue*
*Un peu de safran et un kilo de figues*
*Voulez-vous pas vrai un bon plateau de pêches ou bien d'abricots*
*Voici l'estragon et la belle échalote*
*Le joli poisson de la Marie-Charlotte*
*Voulez-vous pas vrai un bouquet de lavande*
*Ou bien quelques œillets*
*Et par-dessus tout ça on vous donne en étrennes*
*L'accent qui se promène et qui n'en finit pas.*

Gilbert Bécaud

## Gammes

■ **La nourriture**

**les légumes** : les pommes de terre, les carottes, les oignons, la salade...
**les fruits** : l'orange, le raisin, la banane, la pomme...

l'eau, la bière, le vin, le lait, le jus d'orange... le fromage, les yaourts, le pain, le gâteau.

■ **Pour demander quelque chose (dans un magasin)**

**Vous demandez:**
Je voudrais... s'il vous plaît.
Vous pouvez me donner... ?
Vous avez... s'il vous plaît ?
Vous avez autre chose ?
Quelque chose de moins cher ?
Ça coûte combien ?
Il/Elle fait combien ?

**On vous demande** :
Vous désirez ?
Qu'est-ce que vous voulez ?
Qu'est-ce que tu veux ?
Et pour vous, monsieur/madame ?
Et pour toi ?
Autre chose ?
Et avec ça ?

■ **Du — de la — de l' — des :**

tu veux/ vous voulez { **du** fromage ?
**de la** salade ?
**de l'** eau ?
**des** pommes ?

**le** fromage, c'est bon !
j'aime **la** salade
moi, je préfère **l'** eau
**les** pommes sont des fruits

(un peu de/pas « tout »)     (« tout », en général)

Mangez **des** fruits ! **Les** fruits, c'est bon pour la santé !

■ **Le pronom « en » :** (les Français n'aiment pas répéter)

Vous mangez beaucoup de pain ? — Oui j'**en** mange beaucoup.
Il n'y a plus de lait ? — Mais si, il y **en** a.
Vous n'avez pas d'œufs ? — Non, on n'**en** a pas.
Vous prenez combien de pommes de terre ? — J'**en** prends 3 kilos.
Vous voulez du beurre ? — Non, je n'**en** veux pas.
Vous avez une voiture ? — Oui, j'**en** ai une.
Il y a combien de côtelettes dans un paquet ? — Il y **en** a quatre.

**du / de la / de l' / des** → **en** (+ quantité)
**un/une** ─────────→ **en** (+ un/une)

■ **Du //le — de la//la — de l'//l' — des//des — en**

Donnez-moi l'eau, s'il vous plaît (= la bouteille d'eau) → vous me **la** donnez.
Donnez-moi **de l'**eau, s'il vous plaît (= un peu d'eau) → vous m'**en** donnez.

Elle prend **le** gâteau (= tout le gâteau) → elle **le** prend.
Elle prend **du** gâteau (= un peu de gâteau) → elle **en** prend.

## Études

1. Vous aimez les gâteaux ?
   — Oui, j'aime ça et j'en veux trois.

   > aimer les gâteaux/vouloir trois
   > → aimer les fruits/manger 3 kg par semaine,
   > aimer le coca/boire jamais,
   > aimer le café/prendre tous les matins,
   > aimer la viande/manger jamais.

2. 4,850 kg = quatre kilos huit cent cinquante
   3,50 F = trois francs cinquante

   4,850 kg / 3,50 F → 2,500 kg / 1 777 km / 190,30 F / 33,42 g / 5,5 l / 75 m$^2$ / 60 cl...

3. — Vous désirez ?
   — Je voudrais 3 litres de lait s'il vous plaît.
   — Et avec ça ?
   — Vous avez des tomates ?
   — Oui, vous en voulez combien ?
   — 1 kilo.
   — Ce sera tout ?
   — Non, donnez-moi aussi 1 salade.

4. — Maman ! Il y a de la tarte ?
   — Non, il n'y en a plus. Tu as tout mangé.
   Mais il y a du gâteau à la crème.
   — Ce gâteau à la crème ? Je n'en veux pas,
   je ne l'aime pas. Je veux de la tarte.
   — Mais il n'y en a plus, je t'ai dit !

   > tarte / gâteau à la crème →
   > jus d'orange/limonade
   > bananes/pommes
   > poulet/bifteck

## 1. AU SUPERMARCHÉ

*Vous faites vos courses chez SUPMAR*
*Qu'est-ce que vous achetez ?*
*Combien vous payez ?*
*C'est plus cher ou moins cher que dans votre magasin habituel ?*

**Cette semaine SUPMAR vous propose :**

| | |
|---|---|
| Café sélection Supmar | |
| *le paquet de 250 g* .......... 8,70 F | |
| Œufs sélectionnés | |
| *la douzaine* ............... 12,25 F | |
| Côtelettes de porc 1er choix | |
| *le kilo* ................... 45,85 F | |
| Bifteck extra | |
| *le kilo* ................... 75,10 F | |
| Lait entier pasteurisé | |
| *le litre* ................... 4,60 F | |
| Oranges d'Espagne | |
| *le kilo* ................... 6,20 F | |
| Pommes de Californie | |
| *le kilo* ................... 12,10 F | |

| | |
|---|---|
| Tomates d'Italie | |
| *le kilo* ................... 8,75 F | |
| Pommes de terre nouvelles | |
| *le kilo* ................... 4,85 F | |
| Salade de printemps | |
| *la pièce* ................... 3,00 F | |
| Beurre de Campagne | |
| *le kilo* ................... 23,20 F | |
| Fromage de Hollande | |
| *le kilo* ................... 24,00 F | |
| Coca-Cola | |
| *la bouteille d'1 l 1/2* .......... 8,30 F | |
| Bière d'Alsace | |
| *le paquet de 6 bouteilles de 33 cl* .. 7,55 F | |

**SUPMAR : 600 magasins en France, à votre service !**

### 2. MANGER MIEUX

*Qu'est-ce que vous aimez manger/boire ?*
*Est-ce que vous pensez que vous mangez/buvez bien ?*

Ne mangez pas trop de gâteaux

Vous avez soif ? prenez de l'eau.

Il faut boire beaucoup quand il fait chaud.

Attention au vin...

et au café, le soir,

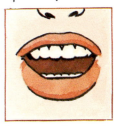
le sucre est mauvais pour les dents.

Les fruits et les légumes...

donnent des vitamines.

½ ℓ. de lait = 100 g de viande.

# LEÇON 8

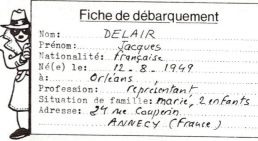

**Fiche de débarquement**
Nom: DELAIR
Prénom: Jacques
Nationalité: française
Né(e) le: 12_8_1949
à: Orléans
Profession: représentant
Situation de famille: marié, 2 enfants
Adresse: 24 rue Couperin
ANNECY (France)

Sirius au S.E.E.

Annecy, le 3 juin

J'ai eu des renseignements sur les Delair. Jacques Delair est né le 12 août 1949 à Orléans. A 18 ans, il part pour Paris où il reste 5 ans. Je crois qu'il y a fait des études de chimie. Le 17 avril 1972, il se marie avec Catherine (née Dupont). Ils partent en voyage le lendemain et on sait pas où ils vont.

Un an après, notre agent à Istanbul (Turquie) les rencontre dans cette ville où il y a plusieurs "accidents" à cette époque-là. En 75, ils passent presque un an en Sicile, à Palerme, officiellement comme professeurs tous les deux !... Puis, ils disparaissent. L'année précédente, ils sont allés au Portugal et en Espagne... En 1978, ils sont rentrés en France, avec leurs deux enfants. Jacques Delair a commencé à travailler comme représentant en produits chimiques, et il a continué à beaucoup voyager (en France, en Belgique, en Suisse et en Italie). On suppose qu'il est allé aussi en Espagne et au Portugal.

Sa femme, Catherine, a travaillé comme professeur d'anglais à mi-temps dans un collège à Paris. Elle a arrêté de travailler il y a 3 mois !
Je pars à Orléans pour avoir d'autres renseignements.

# RENSEIGNEMENTS

Istanbul, Lisbonne, Palerme, ce ne sont peut-être que des coïncidences, mais je ne le crois pas. Et je suis sûr que Mr Delair ne voyage pas seulement pour son travail...

Je vais partir à Orléans pour avoir plus de renseignements sur la famille DELAIR. En plus je vais pouvoir visiter les châteaux de la Loire. On dit que c'est très joli. J'aime bien mon enquête mais je préfère encore le tourisme.

## Accords

**OÙ ES-TU ? JE T'ENTENDS PLUS !**

*Hier soir à Lyon, moi je chantais*
*Place de Bellecour je t'ai cherchée*

*Hier soir à Lille, moi je chantais*
*Près de la gare je t'ai cherchée*

*Où es-tu ? Je ne t'entends plus*
*Partie vers l'hiver...*

Yves Simon

## Gammes

■ **Pour dire où :**

**Les pays : « en » et « au »**

**le → au**
au Portugal
au Luxembourg
au Maroc, au Japon
au Sénégal...

**la/l' → en**
en Grèce, en Hongrie
en Italie, en Angleterre
en Allemagne
en Belgique, en Suisse...
(presque tous les pays)

**les → aux**
aux États-Unis
aux Pays-Bas
aux Philippines
aux Seychelles...

**Les villes : « à »**
Il va à Orléans — Je vais à Palerme — J'habite à Oslo — Rendez-vous à Istanbul.

■ **Pour dire quand (1)**

**Ce jour-là,** (le 10/6-1910) mon arrière grand-père se marie. Il part en voyage **le lendemain** (le 11/6). Il rentre **une semaine après.**

**Aujourd'hui,** je me marie. Je vais partir avec ma femme en voyage **demain,** et nous allons rentrer à la maison **dans une semaine.**

---

aujourd'hui → ce jour-là
maintenant → à cette époque-là

**hier** → la veille
il y a 3 jours → 3 jours avant
la semaine dernière → la semaine précédente
il y a 5 ans → 5 ans avant
ce matin → ce matin-là

**demain** → le lendemain
dans 2 jours → 2 jours après
la semaine prochaine → la semaine suivante
dans 2 ans → 2 ans après
ce soir → ce soir-là

## ■ Pour dire quand (2)

**commencer à/par...**  **continuer à...**  **arrêter de...**

J'ai commencé à collectionner des timbres à 9 ans. Aujourd'hui, je continue à en collectionner. Je ne vais jamais arrêter d'en collectionner. J'aime ça !

## ■ Quand on est « sûr » ou « pas sûr »

Ma tante est **peut-être** arrivée... je n'en sais rien : **je** le **suppose** : (—)
Ma tante est arrivée. Je n'en suis **pas sûr**, mais **je** le **crois** : (+)
Ma tante est arrivée. J'en suis **presque sûr** : **c'est probable** : (++)
Ma tante est arrivée. J'en suis **sûr** (elle est là) : **c'est certain** (+++)

## ■ Les adverbes

**adjectif au féminin + -ment**

officiel → officiellement
probable → probablement
automatique → automatiquement

sûr → sûrement
exact → exactement
heureux → heureusement

---

*Études*

---

1. — Ma tante est arrivée (c'est sûr).
   — Oh oui, elle est sûrement arrivée !

Ma tante est arrivée (c'est sûr) →
Ma tante est ... contente (c'est probable) : elle est encore arrivée avec une trompette pour moi (c'est certain). Je n'aime pas les trompettes (c'est malheureux) ! Ma tante est une drôle de tante : elle est moderne (c'est terrible) ; elle s'intéresse à la politique (c'est fou) ; elle change de robe toutes les 2 heures (c'est inutile) ; elle fume (c'est nerveux), mais elle répond toujours aux questions (c'est bizarre).

2. Axel est né en Grèce.
   Mais il s'est marié au Portugal
   et il habite aux Pays-Bas.

   Axel (Grèce/Portugal/Pays-Bas) →
   Maria (Italie/France/États-Unis)
   Françoise et Gary (Belgique/Japon/Philippines)

3. — Il est représentant, je crois.
   — Oui, moi aussi, je crois qu'il est représentant.

   Il est représentant, je crois →
   — Elle est photographe, je pense
   — Ils sont suisses, je suppose
   — Il est japonais, je suis sûr
   — Elle a vingt ans, je crois

## 1. RECORDS

Paul est né le 1<sup>er</sup> avril 1970. A 3 ans, il commence à aller à l'école. L'année suivante, il arrête d'y aller et se marie. Quatre ans après, il a déjà plusieurs enfants... A 8 ans, il s'intéresse aux mathématiques et il fait la révolution. Le lendemain, il...

*Continuez*

## 2. BIOGRAPHIES

*Racontez leur vie*

**Delacroix** (Eugène), peintre français né à Saint-Maurice (Seine), 1798-1863. Chef de l'école romantique : *Dante et Virgile* (1822), *Les Massacres de Scio* (1824), *La Liberté guidant le peuple* (1831).

**Brassens** (Georges), chanteur français né à Sète (1921-1981) auteur de chansons poétiques et originales.

**Rimbaud** (Arthur), poète français né à Charleville (1854-1891). A 17 ans il écrit *le Bâteau ivre* et *le Dormeur du Val*. Puis *une Saison en Enfer* (1873) et *Illuminations* (1886). Voyage à Java et en Abyssinie. Meurt à Marseille.

## 3. QUESTIONS

*Donnez votre avis. Utilisez : « je crois que..., je suppose que..., je suis sûr que, etc. »*

☐ Il y a combien d'habitants à Paris ? (→ *Je crois qu'il y en a...*)
☐ Un kilo de pommes coûte plus ou moins de 50 francs ?
☐ Officiellement, la Hollande s'appelle comment ? Les « Pays-Bas » ou les « Provinces Unies » ?
☐ Il y a combien de kilomètres de Rome à Londres ?
☐ Les produits chimiques sont-ils dangereux ?
☐ Napoléon est mort il y a plus ou moins de 100 ans ?
☐ Il faut combien d'années pour apprendre le piano ?

## 4. VOYAGES

*Vous êtes allés dans quels pays/quelles villes ? Quand ? Comment ?*

*Qu'est-ce que vous y avez fait/vu ?...*

# LEÇON 9

Sirius au S.E.E.

Annecy, le 5 juin

J'ai encore suivi les Delair cet après-midi. Ils sont encore allés au supermarché. Frédéric Delair a acheté 10 litres de limonade : autant que mardi mais moins que jeudi ! M. Delair a acheté des escargots !! Ensuite, Cécile est allée chez une amie, Delphine Chabert. Delphine est plus jeune que Cécile, un peu moins grande (mais aussi blonde).
Je vais la surveiller aussi.

Sirius

# LES FRANÇAIS SONT BIZARRES !

le 3 Juin -

(16h30) Mon enquête est difficile. Je crois aussi que je ne suis pas un très bon enquêteur. D'abord, je me demande si les Delair sont des gens bizarres ou si je pense qu'ils sont bizarres parce que je dois les surveiller.

Les Delair ont un très grand appartement, trop grand pour eux et ils achètent beaucoup à manger pour quatre personnes. Je me demande pourquoi ils achètent autant de choses :

Je suppose qu'ils ont toujours faim et qu'ils sont riches. Plus riches que moi ! Je n'ai sûrement pas autant d'argent qu'eux.

(22h30) Je ne comprends pas pourquoi Frédéric boit autant de limonade. Décidément, les Français boivent et mangent des choses bizarres. Ils m'étonnent toujours. Je les trouve parfois très, très bizarres, ces Français...

(23h) Je me demande pourquoi les Delair ont autant d'amis. Je me demande si ce sont vraiment des amis ou bien... Je me demande aussi pourquoi ils se promènent toujours avec des petites valises noires. Ça m'étonne, surtout les enfants.

(23h30) Moi, quand je vais chez des amis, je n'ai pas besoin de valise... et je ne peux pas demander aux Delair ce qu'ils transportent !

(minuit) Et je ne peux pas demander non plus au Chef du Service si cette enquête est vraiment... (!!!)

## Accords

### LE ROI A FAIT BATTRE TAMBOUR

*Le roi a fait battre tambour*
*Le roi a fait battre tambour*
*Pour voir toutes ses dames*
*Et la première qu'il a vue*
*Lui a ravi son âme*
*Marquis, dis-moi, la connais-tu ?*
*Marquis, dis-moi, la connais-tu ?*
*Qui est cett' jolie dame ?*
*Et le marquis a répondu*
*Sire roi, c'est ma femme*

Traditionnel

## Gammes

■ Il est quelle heure ?

| 12 : 00 | 00 : 00 |
|---|---|
| il est midi | il est minuit |
| ou 12 heures | ou « zéro » heure |

| 13 : 00 | 01 : 00 | 09 : 00 | 21 : 00 |
|---|---|---|---|
| il est une heure (de l'après-midi) ou treize heures | il est une heure (du matin) | il est 9 heures (du matin) | il est 9 heures (du soir) ou vingt et une heures |

| 15 : 00 | 15 : 05 | 15 : 15 | 17 : 20 |
|---|---|---|---|
| il est trois heures (de l'après-midi) ou quinze heures | trois heures cinq ou quinze heures cinq | trois heures et quart ou quinze h quinze | cinq heures vingt ou dix-sept h vingt |

| 18 : 30 | 20 : 35 | 02 : 45 | 02 : 55 |
|---|---|---|---|
| 6 heures et demie /edmi/ ou dix-huit heures trente | neuf heures moins vingt-cinq ou vingt heures trente-cinq | trois heures moins le quart /mwɛ̃lkar/ ou deux heures quarante-cinq | trois heures moins cinq /trwazœrmwɛ̃sɛ̃k/ ou deux heures cinquante-cinq |

■ **Le discours rapporté : demander**

« Il pleut ? » Il **demande s'**il pleut.
« Tu en veux ? » Je te **demande si** tu en veux.
« Qu'est-ce que tu fais ? » Il **demande ce que** tu fais.
« Pourquoi est-ce que vous ne venez pas ? » Elle **demande pourquoi** il ne vient pas.

« Où est-ce qu'elle va ? » Je **demande où** elle va.
« Combien ça fait ? » Il lui **demande combien** ça fait.
« Tu pars quand ? » Je te **demande quand** tu pars.
« Il y va comment ? » Elle **demande comment** il y va.

Je me **demande ce que** les Delair font avec toute cette limonade.
Je me **demande s'**ils la boivent.

## ■ Comparaisons

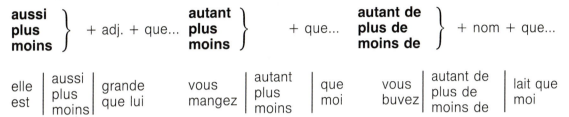

## ■ Autant de.../autant de... que

— Pourquoi est-ce que tu achètes **autant de** sucre ? Tu n'en as pas besoin !
— Je me demande pourquoi les Français mangent **autant de** pain.
— Cécile a 60 cassettes, Frédéric aussi : elle en a **autant que** lui.
— Les Martin ont **autant d'**enfants **que** les Dupont : quatre.

# Études

1. — L'émission « pour les jeunes »
   commence à quelle heure ?
   — A dix-huit heures trente.
   — Et elle se termine à quelle heure ?
   — A dix-huit heures cinquante-cinq.

2. — Où est le train pour Annecy,
   s'il vous plaît ?
   — Qu'est-ce qu'elle dit ?
   — Elle demande où est le train pour
   Annecy.

3. — Cécile a autant de cassettes que Frédéric.
   — Mais non, elle en a beaucoup plus !

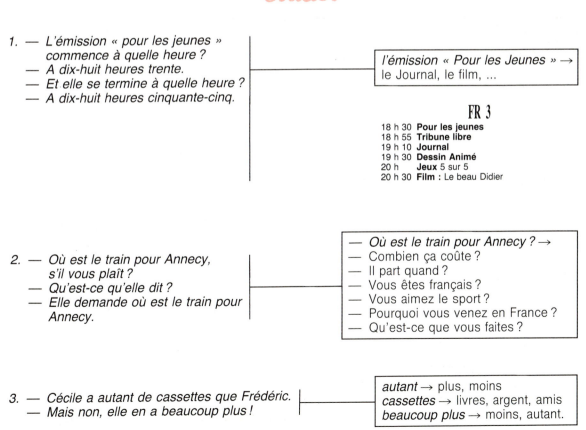

## 1. TÉLÉPHONE À TROIS

A — Allô Philippe ? Je suis à côté de Delphine.
P — Comment elle va ?
A — Il me demande comment tu vas.
D — Je vais bien.
A — Elle me dit qu'...
P — Je veux lui parler.
A — Il dit qu'...
D — Non, je ne veux pas.
A — Elle...
P — Pourquoi ?
A — Il...
D — Il ne devine pas pourquoi ?
A — Elle...
P — Non, qu'est-ce que je lui ai fait ?
D — Pourquoi il n'est pas venu au cinéma hier ?
A — Elle...
P — Parce que...

*Complétez le dialogue et imaginez la suite*

## 2. ENQUÊTE

QUE MANGEZ-VOUS ?

|  | Vous mangez... | | |
|---|---|---|---|
| Viande : | ☐ – d'1 fois/semaine | ☐ 1 à 6 fois/semaine | ☐ 1 fois/jour |
| Légumes : | ☐ + d'1 fois/jour | ☐ – d'1 fois/jour | ☐ 1 fois/jour |
| Fruits : | ☐ + d'1 fois/jour | ☐ – d'1 fois/jour | ☐ 1 fois/jour |
| Fromage : | ☐ + d'1 fois/jour | ☐ – d'1 fois/jour | ☐ 1 fois/jour |
| Gâteaux : | ☐ + d'1 fois/jour | ☐ – d'1 fois/jour | ☐ 1 fois/jour |

*Jouez l'enquête avec votre voisin(e)*
*Ensuite comparez vos réponses avec celles de votre voisin(e)*

Il/Elle mange plus de... moins de... autant de...

## 3. BIZARRES

*Est-ce que vous trouvez que ces gens sont bizarres ? Pourquoi ?*

*Est-ce que vous trouvez que les Français sont des gens bizarres ? Pourquoi ?*

*Connaissez-vous des gens bizarres ? Qu'est-ce qu'ils ont de bizarre ? Décrivez.*

# LEÇON 10

**Cécile et Frédéric**

1) C. Tu sais que c'est l'anniversaire de l'oncle Antoine aujourd'hui ?
   F. L'anniversaire de qui ? De l'oncle Antoine ?
      Mais tu es folle ! Il est mort depuis longtemps !
   C. Je sais bien qu'il est mort. Mais il est né il y a 100 ans exactement, le 1$^{er}$ février 1885.
   F. Il y a 100 ans ? Je ne savais pas...
      Il s'appelait Antoine comment, déjà ?
      Je ne m'en souviens plus.
   C. Antoine Darmond.

2) F. Dis, il n'était pas un peu fou, cet oncle Antoine ?
   C. Mais non, c'était un type formidable. Il a fait des études de piano et ensuite des études commerciales. Après, il a fait fortune dans l'industrie mécanique.
   F. Il a vraiment fait fortune ? Tu n'exagères pas un peu ?
   C. Non, je me rappelle qu'il avait plusieurs usines, un château près de Reims et quinze voitures... Il aimait beaucoup les voitures.
   F. Je ne savais pas qu'il y avait un milliardaire dans la famille. Tu connais des histoires formidables, toi !
   C. Dis, Frédéric, tu te moques de moi ?
   F. Mais non, Cécile. Continue ! Continue !

3) C. Ensuite il n'a pas eu de chance.
      La crise économique de 1929 l'a ruiné. Il a tout perdu.
      Il n'avait plus rien. Alors il s'est souvenu de ses études de piano et il a commencé une nouvelle vie.
      Il est devenu musicien. Il jouait du piano dans des bars et sur des bateaux de luxe. Il allait de bar en bar et il voyageait de bateau en bateau. Je crois qu'il est mort d'une maladie de cœur vers 1950.
   F. Ah ! quel oncle ! J'aime bien le milliardaire mais je préfère le pianiste !

# AH, CET ONCLE ANTOINE

## Accords

### LES AMIS D'AUTREFOIS

*Les amis d'autrefois*
*S'ils entendent ça*
*Les amis du passé*
*Vont se rappeler*

*Nous n'étions (bis)*
*Qu'à peine moins vieux*
*Nous avions (bis)*
*Envie d'être heureux*
*Et il y avait la mer*
*Il y avait le vent*
*Un ciel toujours couvert*
*Et puis nos vingt ans.*

Anne Sylvestre

## Gammes

■ **Pour raconter**

D'abord, ... Alors / A ce moment-là, ... Ensuite / Après / Puis, ... Enfin, ...

■ **L'âge**

— Tu as quel âge ?
— J'ai 14 ans. Je suis né le 13 mars, et c'est aujourd'hui mon anniversaire.

■ Les souvenirs

**se rappeler** quelque chose = **se souvenir de** quelque chose
**se rappeler** = comme appeler (je me rappelle, vous vous rappelez, ils se rappellent. Elle/Il s'est rappelé).
**se souvenir** = comme venir (je me souviens, vous vous souvenez, ils se souviennent. Elle/Il s'est souvenu).

## ■ L'imparfait

| terminaisons | avoir | être | faire |
|---|---|---|---|
| je...**ais** | j'avais | j'étais | je faisais /fəzɛ/ |
| tu...**ais** | tu avais | tu étais | tu faisais /fəzɛ/ |
| elle/il...**ait** | elle avait | il était | il faisait /fəzɛ/ |
| nous...**ions** | nous avions | nous étions | nous faisions /fəzjɔ̃/ |
| vous...**iez** | vous aviez | vous étiez | vous faisiez /fəzje/ |
| ils/elles...**aient** | ils avaient | elles étaient | elles faisaient /fəzɛ/ |

Vous trouvez **l'imparfait,** si vous connaissez **le présent** (2ᵉ personne du pluriel) :

| infinitif | **présent** (vous) → | imparfait |
|---|---|---|
| acheter | vous achetez /e/ | j'achetais /ɛ/ |
| vouloir | vous voulez | il voulait |
| croire | vous croyez | elle croyait |
| perdre | vous perdez | on perdait |
| aller | vous allez | tu allais |
| finir | vous finissez | je finissais |

## *Études*

**1. Maintenant et avant**
   Maintenant, j'apprends toujours mes leçons.
   Mais avant, je n'apprenais jamais mes leçons.

J'apprends toujours mes leçons → J'ai envie de m'amuser. / Tu ne comprends rien. / Il dort... / Ça me plaît. / Elle écoute des disques. / Nous prenons le bus. / Ils peuvent voyager.

**2. Souvenirs**
   (Le beau temps d'hier
   et les lunettes noires de Roger.)
   — Tu te souviens du temps d'hier ?
   — Oui, je m'en souviens bien :
     il faisait beau.
   — Tu te souviens de Roger ?
   — Oui, je m'en souviens bien :
     il portait des lunettes noires.

les lunettes noires de Roger →
la voiture rouge de Paul,
le prénom de Durand (Aristide),
le temps en novembre (neige tous les jours),

**3. En l'an 2000**
   — Tu as quel âge ?
   — Calcule : je suis né le 6 mars 1946.
   — Alors tu as 54 ans.
   — Oui, c'est ça ; tu es vraiment bon en maths !

*6-3-46* → 2-4-76 — 25-6-84
12-5-68 — 1-10-25

**4. Molière, écrivain-acteur — 1622-1673**
   Molière est né en 1622 et mort en 1673
   (il avait donc 51 ans).
   Il était écrivain et acteur.

*Molière* → Debussy 1862-1918 musicien,
Renoir 1841-1919 peintre,
Le Corbusier 1887-1965 architecte,

### 1. SOUVENIRS

Grand-père raconte : « A deux ans, je ne savais pas marcher et j'étais très gros... A cette époque-là, il y avait moins d'autos, ... etc. »

*Vous êtes grand-père. Parlez !*

### 2. « LE TEMPS PASSE ! »

*Maintenant, imaginez que vous avez 90 ans. Racontez votre vie.*

### 3. BIOGRAPHIES

*Parlez de personnes très connues dans votre pays*

Il/Elle est né(e) en...
Il/Elle était... Il/Elle est mort(e) en... Il/Elle faisait...

### 4. UNE PERSONNE EXTRAORDINAIRE

*Un jour vous avez rencontré (entendu parler d') une personne extraordinaire. Racontez*

Elle/Il était...
Elle/Il a fait...

## 5. HISTOIRE

Il y a 1200 ans, il y avait seulement dix millions d'habitants dans notre pays. Paris était une petite ville où vivaient seulement 15 000 personnes. Il y avait beaucoup de pauvres. Presque tous les gens étaient agriculteurs. On ne vivait pas vieux à cette époque à cause de maladies terribles. Mais il y avait aussi de grandes fêtes comme le carnaval en février...

*Et vous, connaissez-vous l'histoire de votre région, de votre ville ? Comment y vivait-on avant ?*

# LEÇON 11

**1. Chez les Delair. M. et Mme Delair**

**M. D.**     Tu n'as pas vu mon porte-documents ?

**Mme D.**   Non.

**M. D.**     Je ne le retrouve plus. Je croyais qu'il était dans la voiture. Je l'avais quand je suis parti ce matin. Je me rappelle que je l'ai mis à l'arrière de la voiture. Et je ne le vois plus.

**Mme D.**   Qu'est-ce que tu as fait ce matin ?

**M. D.**     Je me suis d'abord arrêté à la gare pour acheter le journal. Là, je l'avais, j'en suis sûr parce que je l'ai ouvert pour y prendre des papiers... Ensuite, qu'est-ce que j'ai fait ?
Je suis passé au bureau et j'y ai travaillé deux heures. Ensuite, je suis allé à l'usine Cimex. Est-ce que je l'ai oublié là-bas ?
Mais non, c'est vrai ! Pendant que l'ingénieur me parlait, j'ai voulu lui montrer des papiers. Et je me suis aperçu que je n'avais pas mon porte-documents. Je suis idiot, vraiment idiot !

**Mme D.**   Calme-toi ! Je suis sûre qu'on va le retrouver.

# AUX OBJETS TROUVES !

**2. Au bureau des objets trouvés. M. Delair et l'employé**

- **M. D.** Bonjour, monsieur. Je ne trouve plus mon porte-documents, je l'ai perdu.
- **E.** Quand ?
- **M. D.** Hier. Je ne sais pas à quelle heure...
- **E.** Vous êtes sûr que vous l'avez perdu ?
- **M. D.** Oui. Je l'ai cherché partout : chez moi, au bureau... Rien !
- **E.** Et vous l'avez perdu où ?
- **M. D.** Mais je ne sais pas, monsieur !
- **E.** Restez calme, monsieur ! Vous l'avez perdu à Annecy ?
- **M. D.** Oui !
- **E.** Qu'est-ce qu'il y avait dans ce porte-documents ?
- **M. D.** Des papiers importants, de l'argent et un carnet de chèques.
- **E.** Il était de quelle couleur votre porte-documents ?
- **M. D.** Noir.
- **E.** Et il était comment ?
- **M. D.** Assez grand ; c'était une sorte de petite valise.
- **E.** Il était en quoi ?
- **M. D.** En cuir. Il n'avait rien de particulier.
- **E.** Bien... On va voir...
  Non, je suis désolé, nous n'avons pas de porte-documents noir.
  Remplissez ce papier. C'est une déclaration de perte. Si on le trouve...
- **M. D.** ... vous me téléphonez ?
- **E.** Et qui va payer le téléphone, monsieur ? Il faut passer la semaine prochaine.

## Accords

IL EST TROP TARD

*Pendant que je dormais*
*Pendant que je rêvais*
*Les aiguilles ont tourné*
*Il est trop tard*
*Mon enfance est si loin*
*On est déjà demain*
*Passe passe le temps*
*Il n'y en a plus pour très longtemps*

Georges Moustaki

## Gammes

■ **Passé composé ou imparfait ?**

● **Le passé composé**

1. Pour une **action courte :**
ex. : il a perdu son porte-documents.
      il a ouvert la porte.

2. Pour une **action plus courte** qu'une autre (action **« point »**)
ex. : pendant que tu dormais, j'ai lu le journal et j'ai joué du piano.

3. Pour une action aux **limites précises :**
ex. : j'ai joué du piano pendant 4 heures.
      il a voyagé du 5 avril au 1$^{er}$ septembre.

4. Pour une **action** (courte ou longue) **finie :**
ex. : il a été heureux (maintenant il n'est plus heureux).
      elles ont déjà mangé.

● **L'imparfait :**

1. Pour une **action longue** ou aux **limites imprécises** (souvenirs)
ex. : elle s'appelait Zoé. Elle écoutait toujours de la musique classique.

2. Pour une **action plus longue** qu'une autre (action **« cadre »**)
ex. : pendant que tu lisais, j'ai joué du piano.

3. Pour le **« décor »** (description, heures et dates, circonstances)
ex. : ce jour-là, il faisait beau. Mon oncle portait son costume neuf et il était content :
il aimait le beau temps.

■ Le verbe « s'apercevoir (que)... »

Je m'aperçois que... Nous nous apercevons que...
Elles s'aperçoivent que... Il s'est aperçu que...

■ Quand/pendant que

J'étais au café, je l'ai ouvert →
Je l'ai ouvert quand j'étais au café/pendant que j'étais au café.

Elle était au bureau, je suis rentré →
Elle était au bureau quand je suis entré.

Il parlait à Marcel, elle l'a vu →
Elle l'a vu qui parlait à Marcel/Elle l'a vu pendant qu'il parlait à Marcel.

■ Qu'est-ce que c'est ?

Elle/Il est en quoi ?           C'est une valise           C'est un pantalon
Elle/Il est de quelle couleur ? Elle est en cuir           Il est en coton
Elle/Il est comment ?           Elle est rouge             Il est gris
                                Elle est grande            Il est chic
                                mais elle n'est pas lourde mais il est très
                                                           « classique »

## Études

1. *Il lit le journal, elle fait la cuisine !*
   = *Il a lu le journal pendant qu'elle faisait la cuisine !*
   *Il pleut. J'arrive.*
   = *Il pleuvait quand je suis arrivé.*

   *Il pleut, j'arrive* → *je dors, tu téléphones !*
   *Il est au café, il rencontre Antoine !*
   *Il regarde la T.V., le chien vole la viande.*
   *Elle écoute ses disques. Il n'est pas là !*

2. *Il ne travaille pas beaucoup !*
   — *Il ne travaillait pas plus avant !*

   *travailler* → dormir, manger, voyager, aimer le sport
   *il* → elle, tu, ...

3. *Qu'est-ce que c'est ?*
   — *Tu vois bien que c'est une valise.*
   — *Elle est en quoi ?*
   — *Elle est en cuir.*

   *une valise en cuir* →
   un pantalon en laine
   une cravate en coton, ...

## 1. A L'AÉROPORT

*Maria-Térésa Castello est allée en vacances en France et a pris l'avion.*

A l'arrivée à Paris, elle n'a pas retrouvé ses bagages.
Elle est allée au bureau des réclamations.

| DÉCLARATION DE PERTE DE BAGAGE | AÉROPORTS DE PARIS |
|---|---|
| NOM : **CASTELLO** | Prénoms : **Maria-Térésa** |
| ADRESSE EN FRANCE : **10, rue des Jeuneurs** | tél. : **32.20.16** |
| ADRESSE PERMANENTE : **Calle San Francisco, 4 - MADRID 4.** | Tel. **14.20.12** |
| EN PROVENANCE DE : **MADRID** | A DESTINATION DE : **PARIS** |
| VOL n° **1B 312**   DATE : **5.3.**   HEURE : **16 h 30** | |
| QUANTITÉ DE BAGAGES PERDUS : **1** | N° du bulletin : |
| DESCRIPTION DES BAGAGES : **1 sac type 3 rouge** **vêtements - affaires personnelles - livres** | |

*Vous êtes Maria-Térésa, et vous parlez à l'employé :*

*Lui :* Vous veniez d'où ?
*Vous :* . . . . . . . . . . . . . . . . . .
*Lui :* Vous alliez où ?
*Vous :* . . . . . . . . . . . . . . . . . .

## 2. DANS LE JOURNAL

→ *Vous avez trouvé un des objets perdus et vous téléphonez*
→ *Faites l'annonce que M. Delair va peut-être mettre dans « Annecy Matin » pour essayer de retrouver son porte-documents.*

```
                    PERDU

MONTRE dame, à Rumilly.    VÉLO bleu homme de mar-
Le 8 mai. Tél. 01.20.60    que « Peugeot » à Annecy.
(récompense)               Tél. 51.30.65

CHIEN blanc et noir, tatoué   CLÉS voiture et maison
Cel 148. Tél. 01.09.67        avec porte-clés « ELF »
(récompense)                  à Albens. Tél. 01.42.33
```

— *Est-ce que vous perdez souvent des choses ?*
— *Qu'est-ce que vous avez perdu dernièrement ?*
— *Quand et comment est-ce que ça s'est passé ?*

## 3. PENDANT QUE...

Ce matin, M. Chenaud a lavé sa voiture.
Pendant qu'il la lavait, Madame Michu est allée au marché.
Pendant qu'elle allait au marché...

*Continuez. Imaginez la suite.*

# LEÇON 12

# LE PORTE-DOCUMENTS

Sirius au S.E.E.

Annecy, le 6 juin

Hier matin, je suivais M. Delair comme d'habitude.
Il était parti de chez lui à 8 heures en voiture.
A huit heures 30, il est entré dans un café, rue du Dauphiné.
J'ai vu qu'il parlait avec un homme de 50 ans environ qui était entré dans le café 2 minutes avant.
Je me suis approché du café parce que j'avais envie d'écouter ce qu'ils disaient. Mais quand je suis entré, l'homme avait déjà disparu.
Ensuite, J.D. a ouvert un porte-documents. Il y a pris un papier et il a noté quelque chose dessus.
Puis il est allé au toilettes.
Personne ne me regardait. Alors j'ai pris le porte-documents et je suis parti.

J'ai ouvert le porte-documents. Dedans il y avait :

- des clés (les clés de chez lui ?)
- 4 partitions de musique (une des partitions est écrite à la main. On dirait un message codé)
- un petit appareil-photo (il sert à prendre quelle sorte de photos ?)
- des papiers d'une banque
- une cravate vert foncé (mais J.D. ne porte jamais de cravate !)
- des cassettes de musique classique (de Bach)
- 2 petites boîtes (de médicaments ou de produits chimiques ?)
- une perruque (pourquoi a-t-il besoin d'une perruque ?)
- des lunettes de soleil
- un objet en plastique rond, avec un bouton en métal gris clair dessus (je n'ai pas compris ce que c'est, ni à quoi ça sert...)
- enfin, un petit ordinateur de poche. Je l'ai mis en marche, j'ai appuyé sur plusieurs touches... mais malheureusement je n'avais jamais vu ce type d'appareil, et je ne sais pas comment ça marche.

Le vol de ce porte-documents ne m'a pas donné de renseignements précis sur J.D. mais cette perruque et ces lunettes montrent qu'il se déguise parfois et que je dois faire très attention.

Sirius

## Accords

### ÇA SERT A QUOI

Un beau matin  
On vient au monde  
Le Monde  
N'en sait rien  

Et puis on use nos mains  
A continuer le chemin  
Qu'avaient commencé nos ancêtres  
Je sais qu'un jour va venir  
Où le chemin va finir  
Ce jour viendra bientôt, peut-être  

Puis on grandit  
On recommence  
La danse  
De la vie  

Ça sert à quoi tout ça  
Ne me demandez pas de vous suivre  
Ça sert à quoi tout ça  
Il nous reste si peu à vivre  

       Maxime Le Forestier

## Gammes

■ **Les couleurs**

marron, orange, rouge, jaune, bleu/bleue, noir/noire, gris/grise, vert/verte, violet/violette, blanc/blanche.

| | | |
|---|---|---|
| une robe claire | une jupe grise | **le** gris |
| une robe verte | une jupe foncée | **le** noir |
| une robe vert clair | une jupe gris foncé | **le** bleu |

■ Le plus-que-parfait

Le **plus-que-parfait,** c'est le **passé du passé**

a) **Formation :** comme le passé composé, mais **« être »** et **« avoir »** à l'imparfait.
J'avais oublié son adresse, je m'étais trompé, il était parti.

b) **Passé composé/imparfait/plus-que-parfait :**
— **Maintenant, il a** une voiture ; **il l'a achetée** très cher **l'année dernière.**
 **Ce jour-là, il avait** une voiture ; **il l'avait achetée la veille.**
— **Aujourd'hui, je suis** malade, **j'ai eu** froid **hier.**
 **Avant-hier, j'étais** malade, **j'avais eu** froid **la veille.**
— **Je l'ai appelé tout à l'heure,** mais **il était déjà parti.**

## ■ Qu'est-ce que c'est ?
(pour demander ou expliquer)

— **Qu'est-ce que c'est ?**
— C'est quelque chose qui sert à prendre des photos.
— **C'est** un appareil photo ?
— Non, pas exactement.
— **C'est comment ?**
— C'est petit et carré.
— **C'est de quelle couleur ?**
— C'est bleu foncé.
— **Ça ressemble à quoi ?**
— On dirait un appareil photo, mais c'est un peu plus grand.
— **C'est en quoi ?**
— En plastique et en métal.
— **Ça marche comment ?**
— Il faut appuyer sur le bouton rouge.

C'est quelque chose qui...   c'est une machine qui...
C'est un objet... c'est un appareil... c'est un « truc »... c'est un « machin »...

## ■ Dedans, dessus, dessous (les Français n'aiment pas répéter)

dans → dedans — sur → dessus /dəsy/— sous → dessous /dəsu/ —
Le porte-documents est **dans** la voiture ?
— Non il n'est pas **dedans** (il n'y est pas) (**dedans** = **dans** la voiture)
Il a pris un papier et il a écrit **dessus** (**dessus** = **sur** le papier)

---

## *Études*

1. Le chat est sur le lit ?
   — Oui, il est dessus.

   > le chat est sur le lit ? →
   > — Tes papiers étaient dans la valise ?
   > — La voiture est dans le garage ?
   > — Tu écris sur ton livre ?
   > — Le chien est sous la table ?
   > — Les enfants sont dans la chambre ?

2. — Tu as acheté une robe verte ?
   — Oui, elle est vert clair.
   Elle est très jolie.

   > robe → pull, pantalon
   > vert → rouge, jaune
   > clair → foncé, pâle

3. *Souvenirs*
« Aujourd'hui, j'ai le nouveau disque de mon chanteur préféré. Je l'ai acheté hier. Je l'écoute sans arrêt, je le trouve formidable. C'est mon amie Zoé qui m'en a parlé. Elle l'a entendu à la radio avant de venir à l'école. Je n'ai pas pu attendre : je l'ai acheté tout de suite à la sortie du collège. J'aime follement ce genre de musique. »

   > *Aujourd'hui* → ce jour-là, j'avais le nouveau disque...

4. *Mode d'emploi*
Pour mettre en marche cet appareil, tournez d'abord le bouton rouge vers la droite. Appuyez ensuite sur la touche marche.

   > mettre en marche → arrêter

## 1. OBJETS BIZARRES

**CLÉ DOUBLE.** Permet d'ouvrir une porte des deux côtés simultanément.

**CARBONE-TRADUCTEUR**
Écrivez en français, et votre phrase apparaîtra sur une autre feuille dans la langue désirée. Se fait dans toutes les langues. (Brevet Jean Ferry).

**Lunettes-montre -** Ne soyez plus importuné dans la rue par des passants sans-gêne qui vous demandent l'heure ! Grâce à ces lunettes, ils la liront DIRECTEMENT !

*A quoi ça sert ? Dialoguez.*

## 2. DERRIÈRE LE MUR

*Derrière le mur, il y a des objets. Vous les voyez, mais pas vos camarades. Ils vous posent des questions pour avoir une idée précise de ce qu'il y a. Vous leur répondez.*

## 3. CHEFS-D'ŒUVRE

*Commentez ces tableaux. Décrivez les objets, leurs formes, leurs places...*

*Imaginez les couleurs*

En haut à gauche, ... En bas à droite, ...


## 4. JEUDI

« C'est jeudi. Je suis devant la porte, mais Arthur est absent et je n'ai pas la clé. Je ne peux donc pas ouvrir. Je décide d'aller au café pour l'attendre : du café, on peut voir la maison. Je crois qu'il a oublié ou qu'il est en retard... Quand j'arrive au café, je vois un petit porte-documents sur une table : il a probablement été laissé là par un client. Je le dis au garçon qui téléphone à la police. 10 minutes après, un policier arrive, ouvre le porte-documents, regarde dedans, puis me demande de le suivre. »

*Racontez cette histoire en commençant par :*

« Il y a deux jours, j'étais devant la porte... »

*Puis continuez et trouvez une fin.*

# LEÇON 13

**1. Delphine et Frédéric**

D. Dis, Frédéric, tu n'as pas vu le journal ?
F. Qu'est-ce que tu dis ?
D. Le journal qui était là tout à l'heure, tu ne l'as pas vu ?
F. Si, il est là sur le bureau.
D. Oh, tu as vu l'annonce ! Il va y avoir un concert avec le groupe « Revolver » vendredi prochain. Ça sera sûrement formidable. J'ai l'intention d'y aller.
F. « Revolver » ? qu'est-ce que c'est ?
D. Mais tu sais bien : le groupe rock qui est passé à la télé et dont tout le monde parle. Le groupe que John Lennon avait aidé à débuter. Ils chantent des chansons formidables...
F. Oh ! moi, tu sais, je m'intéresse plus au jazz qu'au rock.
D. Ça ne fait rien, c'est chouette ! Il faut y aller.
F. Si tu veux, j'irai prendre les places demain.
D. Oh oui ! A quelle heure ? On ira ensemble.
F. A cinq heures et demie, ça te va ?
D. Parfait ! On se retrouvera ici.
F. Non, plutôt près de l'endroit où ils vendent les billets.
D. C'est où ?
F. Place du Théâtre. A l'agence qui est au coin de la place.
D. Je t'attendrai devant l'agence ?
F. D'accord. Alors, à demain !
D. A demain !

**2. Delphine et son père**

D. Dis papa, je peux aller à un concert de rock avec Frédéric Delair ?
P. Pourquoi pas ? Ça se passe où ?
D. Au théâtre municipal, vendredi prochain.
P. Ah bon ! Au théâtre municipal ! Je connais bien le directeur. Je vais l'appeler. Je vais essayer d'avoir de bonnes places.
D. Extra ! Merci, papa. Je vais téléphoner à Frédéric. Je lui avais donné rendez-vous pour aller prendre les billets demain.

# ROCK OU DISCO

## Accords

**UN JOUR TU VERRAS**

*Un jour tu verras
On se rencontrera
Quelque part n'importe où
Guidés par le hasard.*

*Nous nous regarderons
Et nous nous sourirons
Et la main dans la main
Par les rues nous irons.*

Mouloudji

## Gammes

■ **Le futur composé (/proche)**

Je **vais faire** ça demain
tu **vas faire** ça ce soir
il /elle/on **va faire** ça bientôt

nous **allons faire** ça dans 3 jours
vous **allez faire** ça la semaine prochaine
ils/elles **vont faire** ça après-demain

■ **Les pronoms relatifs**

Je vais écouter un concert du groupe Revolver,
un groupe rock **qui** est très bon.
J'ai acheté une cassette : regarde la cassette **que** j'ai achetée.
Je parle **de** ce groupe : c'est le groupe **dont** je parle.
Je me souviens bien **de** ces chanteurs : ce sont des chanteurs **dont** je me souviens bien.
L'hôtel de l'Enquêteur est dans la rue **où** habitent les Delair.
Regarde, voilà le collège **où** je vais cette année.

■ **Pour prendre rendez-vous**

On se voit demain ?
On se retrouve où ?
Tu peux venir à quelle heure ?
On y va ensemble ?

— Si tu veux.
— Au cinéma Rex, ça te va ?
— Deux heures et demie, ça te va ?
— D'accord...

■ **Pour dire au revoir**

Au revoir !
A demain !

A la semaine prochaine !
A bientôt !

A tout de suite !
A tout à l'heure !

■ **Le futur simple**

**a) conjugaison** (infinitif) + terminaisons

| | | |
|---|---|---|
| je | manger | **ai** (*) |
| tu | penser | **as** (*) |
| il, elle, on | dormir | **a** (*) |
| nous | choisir | **ons** |
| vous | attendr(e) | **ez** |
| ils, elles | vendr(e) | **ont** (*) |

**b) verbes irréguliers**

avoir : j'aurai — être : je serai
faire : je ferai — devoir : je devrai
pouvoir : je pourrai — vouloir :
je voudrai — savoir : je saurai
voir : je verrai — venir : je viendrai
courir : je courrai — aller : j'irai

(*) comme le verbe « avoir » au présent.

■ Si...

présent } + si → présent (si ✗ futur)    je viens demain } si tu as besoin de moi
futur                                    je viendrai demain

1. L'annonce est intéressante/je l'ai lue
= L'annonce que j'ai lue est intéressante
   Le groupe de rock est arrivé/on en parle à la télé
= Le groupe de rock dont on parle à la télé est arrivé

> le groupe de rock est arrivé →
> la bicyclette marche bien/je l'ai réparée =
> le bus part dans 2 heures/tu dois le prendre =
> je cherche le livre d'histoire/j'en ai besoin pour l'école =
> c'est un chien méchant/j'en ai peur =
> l'appareil photo « Focal » coûte cher/j'en ai très envie =
> c'est une histoire triste/mais elle est très belle =
> je t'ai envoyé une lettre/tu l'as reçue ? =

2. Tu as écouté ce disque ?
— Non, mais je l'écouterai tout à l'heure.

> Tu → vous, ils, elle...
> écouter un disque → regarder une émission, aller au cinéma, voir Jacques, parler à Cécile, apprendre sa leçon, acheter des places, lire le journal.

3. — On se voit demain ?
— Non, pas demain. Mercredi prochain.
— D'accord, mais où ?
— Chez moi.
— Pourquoi pas ? Mais quand ?
— A cinq heures.
— D'accord. Alors à mercredi !

> demain →
> la semaine prochaine/dans 15 jours
> à Paris, le lundi 12

4. Hier, j'ai rencontré Christelle
et demain je rencontrerai
encore Christelle

> Hier, j'ai rencontré Christelle →
> — Il y a trois jours, j'ai eu un rendez-vous avec le chef
>   et dans 3 jours...
> — Le mois dernier, j'ai dû partir en voyage
>   et le mois prochain...
> — La semaine dernière, j'ai attendu ta lettre et...
> — Hier matin, j'ai reçu un colis et...
> — Il y a deux heures, j'ai pris un taxi et...

5. On ira ensemble si (être d'accord)
= On ira ensemble si tu es d'accord

> On ira ensemble... →
> — Si (arriver trop tard), on ne pourra pas entrer.
> — Si (aller au supermarché), j'achèterai du café.
> — Tu iras au concert si (faire son travail avant).
> — On prendra le taxi si (être pressé).

## 1. CHANSONS FRANÇAISES

*Cherchez ou imaginez des titres de chansons en français*

*Exemples :*

Ils s'aiment (Daniel Lavoie)
Plus fort (J.J. Goldmann)
L'homme qui n'aimait rien (P. Vassiliu)
Besoin de partir (Élégance)

Pas cette chanson (Johnny Halliday)
Jolie poupée (Romain Didier)
Je m'aime (Odeurs)
Oublie ça (Téléphone)

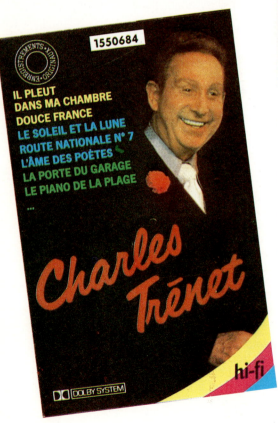

## 2. « HIT-PARADE »

N° 1 cette semaine :
« ROCKS DURS ET CHANSONS DOUCES »
Un disque qui est sorti il y a juste une semaine.
Des chansons que tous les jeunes aimeront.
Bertrand FARLEDE
Une vedette dont on parle aujourd'hui
et dont on parlera encore plus demain.

*Présentez le disque/le chanteur
que vous préférez*

C'est un disque qui ...............
Un chanteur dont ...............

## 3. A L'AFFICHE

*Choisissez votre concert.
Proposez à votre voisin(e) d'y aller avec vous.
Choisissez un jour.*

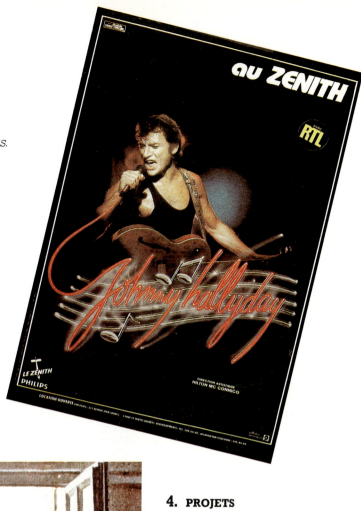

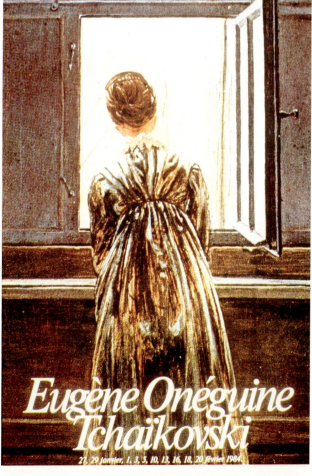

## 4. PROJETS

*Qu'est-ce que vous ferez demain/le week-end prochain/l'année prochaine ?*

je ferai ................

j'irai à ................

je serai ................

# LEÇON 14

Sirius au S.E.E.

Annecy, le 7 juin

Jacques Delair semble très ami avec le chanteur du groupe "Révolver". C'est bizarre : il me semble trop vieux pour s'intéresser autant à la musique rock. D'ailleurs, il n'en écoute jamais.

Mais le groupe "Révolver" est un groupe dont les journaux parlent beaucoup en ce moment, et pas seulement à propos de musique.

Voici un article du journal "Annecy Matin".

Sirius

**GUITARES ÉLECTRIQUES OU FAUX-BILLETS ?**

Au moment où le groupe Revolver va donner un concert dans notre ville, on peut se poser des questions : ce groupe fait-il seulement de la musique rock ? En effet la police a remarqué qu'on trouve toujours beaucoup de faux billets de 100 F et 500 F dans les villes où le groupe donne des concerts. Alors, des faux-billets dans les guitares électriques ? La police enquête...

# VRAIE MUSIQUE OU FAUSSE MONNAIE ?

Annecy, le 7 Juin -

« L'affaire devient compliquée

Hier soir, J. Delair est parti de chez lui avec une valise et il est allé directement au café du centre d'Annecy. Il en est sorti tout de suite après avec un homme un peu bizarre. Ils sont montés dans une grosse voiture de luxe et sont allés au théâtre où avait lieu le concert "Révolver". Ils sont entrés par une petite porte : "Entrée des artistes". J'ai essayé de les suivre mais quelqu'un m'a interdit d'entrer.

J'ai voulu ensuite prendre une place pour le concert mais il n'y en avait plus. Je suis donc retourné au café où il n'y avait personne, sauf le patron. J'ai discuté avec lui et j'ai ainsi réussi à avoir des renseignements intéressants.

Après, je suis allé attendre M. Delair à la sortie du concert. Il en est sorti avec l'homme dont j'ai parlé et un des chanteurs du groupe "Révolver". Ils ont parlé longtemps mais malheureusement, je n'ai rien pu entendre.

## Accords

### CŒUR DE ROCKER

*Je n'étais encore
Qu'un enfant de chœur
Que j'avais déjà
Un cœur de rocker*

*Je n'aimais pas beaucoup l'école
Je ne vivais que pour mes idoles*

*Je n'étais encore
Qu'un teenager
Que je suis parti
Vivre ma vie
En outsider*

*Mon père voulait me retenir
Et tout ce qu'il a trouvé à me dire
C'est : « Tu vas faire
Mourir ta mère ! »*

Julien Clerc

## Gammes

- Les pronoms personnels compléments

### I - Indirect

|  | à une personne | à quelque chose |
|---|---|---|
| après « à... » | Il **me** parle (à moi)<br>Elle **lui** envoie le paquet. (à Paul)<br>Il **leur** dit qu'il est d'accord.<br>(à Paul et à Zoé)<br>→ **me, te, lui, nous, vous, leur** | Elle **y** va. (au collège)<br>Il s'**y** intéresse. (à cette affaire)<br>Elles **y** habitent. (à Lyon)<br>→ **y** |
|  | d'une personne | de quelque chose |
| après « de... » | Elle se souvient **de lui**. (de Paul)<br>Elle parle **d'eux**. (de Zoé et Paul)<br>→ **de moi, de toi, de lui/d'elle,<br>de nous, de vous, d'eux/d'elles.** | Il s'**en** souvient. (de cette affaire)<br>Elle **en** vient. (du collège)<br>Elle **en** joue. (de la trompette).<br>→ **en** |

### II - Direct ∅

| défini : (le..., la..., les..., ce...,<br>cette..., ces..., mon..., ta..., leur...)<br>Je **le** veux ! (ce pain)<br>Je **les** ai vus. (les gens)<br>→ **le, la, l', les** | indéfini : (un..., une..., des...,<br>du..., de la..., des...)<br>J'**en** veux ! (du gâteau)<br>Il **en** a vu. (des gens)<br>→ **en** |
|---|---|

■ **Les négations**

| | |
|---|---|
| ne...pas | il **ne** travaille **pas** ≠ il travaille |
| ne...plus | il **ne** travaille **plus** ≠ il travaille **encore** |
| ne...jamais | il **ne** travaille **jamais** ≠ il travaille **toujours** |
| ne...rien | il **n'**entend **rien** ≠ il entend **quelque chose** (/tout) |
| ne...personne | il **ne** voit **personne** ≠ il voit **quelqu'un** (/tout le monde) |
| ni...ni | il **n'**aime **ni** la télé **ni** le cinéma ≠ il aime la télé **et** le cinéma |

■ **Pour expliquer/Pour donner les raisons :**

— Je ne sais rien, **donc** je ne dis rien
  (je ne dis rien parce que je ne sais rien)

— Luc doit être fatigué. **En effet,** il s'est couché tard hier soir
  (j'explique pourquoi je pense que Luc doit être fatigué)

— Je lui ai parlé. **Ainsi,** j'ai compris pourquoi il était triste
  (ainsi = comme cela, de cette façon)

*Etudes*

1. <u>Contraire :</u>
   Je regarde toujours la télé ≠ je ne regarde jamais la télé

*Je regarde toujours la télé* → Personne n'est sorti. Il n'y a rien de bizarre. Il y avait quelqu'un ? Je n'ai jamais rencontré personne ici. Il ne parle pas bien le français. Il réparait encore sa vieille mobylette. Je n'ai pas de voiture. J'aime la musique classique et le rock. Il y a quelque chose qui m'intéresse. Je vais aller les écouter. Ils chantent encore !

2. <u>Par oui ou par non</u>
— *Tu as aidé Sophie ?*
— *Oui, je l'ai aidée.*
— *Ils s'intéressent à la géographie ?*
— *Non, ils ne s'y intéressent pas.*

Ils s'intéressent à la géographie →
Elle s'est mariée à Marseille ?
Ils ont changé de voiture ?
Elle a envoyé une lettre à ses parents ?
Ils jouent aux cartes depuis longtemps ?
Tu as perdu ta montre ?
Elle répare sa bicyclette ?
Vous avez parlé du concert à vos parents ?
Il a besoin d'argent ?
Ça étonne Stéphane ?
Tu dis tes secrets à tes parents ?

## 1. JE PENSE, DONC JE SUIS

*Continuez les phrases :*

J'ai froid, donc... Il ne veut pas venir, en effet... J'ai mis une annonce dans le journal, ainsi... Vous n'avez pas assez travaillé, donc... J'étais en retard, en effet... J'ai pris un taxi, ainsi...

## 2. UNE ENQUÊTE DU COMMISSAIRE MOIFORT

Dans un restaurant où se trouvent 3 personnes, le patron a reçu un faux billet de 200 F. Il appelle la police. Le commissaire Moifort arrive et pose une question. Le premier client répond : « Non, ce n'est pas moi. Regardez, je n'ai pas encore payé! D'ailleurs je n'ai pas d'argent sur moi. » Le deuxième répond : « Non, ce n'est pas moi. J'ai déjà payé, mais regardez, je n'ai plus de billets sur moi. » Le troisième répond : « Ce n'est pas moi. J'ai déjà payé, mais regardez, tous mes autres billets de 200 F sont vrais. »
L'inspecteur se tourne vers le $2^e$ et le $3^e$ et leur dit : « C'est l'un de vous deux. » Il leur demande alors : « Avec quoi avez-vous payé?
— J'ai payé avec mon billet de 200 F, dit le n° 2.
— J'ai payé avec un billet de 100 F » répond le n° 3.
Le commissaire pose ensuite une question au patron du restaurant qui lui répond. Le commissaire est alors sûr que le numéro 3 est coupable. Il arrête le numéro 3 mais aussi le n° 1.

*a) Comment le commissaire a compris que le n° 3 est coupable?*
*b) Quelle question a-t-il posée au patron pour en être sûr?*
*c) Pourquoi arrête-t-il aussi le n° 1?*

*Répondez en employant :*

Il remarque que..., Il pense donc que..., En effet..., Enfin...

## 3. LES FAUSSAIRES

*Que pensez-vous des gens qui font de la fausse monnaie, des faux tableaux ?...*

## 4. BALTHAZAR CASTIGLIONE

*L'original de Raphaël et la copie de Matisse.*

*A votre avis, lequel est l'original ?*

L'article 139 du code pénal punit de la réclusion criminelle à perpétuité ceux qui auront contrefait ou falsifié les billets de banque autorisés par la loi, ainsi que ceux qui auront fait usage de ces billets contrefaits ou falsifiés. Ceux qui les auront introduits en France seront punis de la même peine.

# LEÇON 15

**Chez le marchand de journaux, madame Delair rencontre un voisin, monsieur Canistrot**

1) **M. C.**     Qu'est-ce qui s'est passé chez vous hier, madame Delair ? J'ai entendu courir dans l'escalier.

    **Mme D.**     Ah ! Vous avez entendu vous aussi ! Eh bien oui ! on a essayé de cambrioler mon appartement.

    **M. C.**     Non ! Ce n'est pas possible !

    **Mme D.**     Si ! Quelqu'un est entré en utilisant une fausse clé.

    **M. C.**     Incroyable ! Et vous n'étiez pas chez vous ?

    **Mme D.**     Non, et les enfants non plus.

    **M. C.**     Et comment savez-vous que quelqu'un est entré ? Vous l'avez vu ?

    **Mme D.**     Vous ne me croyez pas, hein ? Eh bien en entrant, on a entendu du bruit dans le bureau, et à ce moment-là, un cambrioleur est sorti à toute vitesse.

    **M. C.**     Dites, c'est vraiment comme au cinéma !...

# AU VOLEUR !

2) **Mme D.**   Mais là, c'est une histoire vraie, monsieur Canistrot ! Il s'est enfui en nous bousculant, et il est parti en voiture. Heureusement, j'ai eu le temps de noter le numéro.

**March.**   Et qu'est-ce qu'il vous a volé, votre voleur ?

**Mme D.**   Rien. Je suppose qu'il n'a pas eu le temps, mais je crois qu'il cherchait de l'argent. Il a fouillé le bureau : nous avons trouvé tous nos papiers par terre.

**M. C.**   Alors, s'il ne vous a rien volé, ce n'était pas un voleur !

**Mme D.**   Vous, monsieur Canistrot, vous vous moquez de moi...

**M. C.**   Oh non, madame Delair. Vous avez appelé la police ?

**Mme D.**   Mon mari ne voulait pas l'appeler. Mais je l'ai fait quand même.

**March.**   Il a peut-être raison. La police, vous savez, elle n'est jamais là quand on a besoin d'elle. Regardez les journaux : vols, cambriolages, attentats ! Ah là là ! On n'est plus en sécurité.

## Accords

### LE CHACHA DE L'INSÉCURITÉ

*Nous vivons des temps difficiles,*
*Sous-marins nucléaires, bazookas, missiles.*
*Nous vivons dans des pays fragiles,*
*Coincés entre l'Est et l'Ouest,*
*Funambules sur des fils.*
*A éplucher les journaux du soir,*
*Le monde entier est un cauchemar.*
*Toutes ces angoisses qui nous contaminent,*
*Toutes ces menaces qui nous minent.*
*Toutes ces armées de terre, de l'air, de la marine.*
*Tous ces faits divers qui envahissent nos livings.*
*A écouter nos transistors,*
*Faudrait vivre dans des coffres-forts.*

*C'est le chacha de l'insécurité*
*Le chachacha de la panique organisée*
*Chacha - Chacha morose*
*Chacha - Chacha névrose.*

Louis Chedid

## Gammes

■ **Qu'est-ce qui se passe ?**

Qu'est-ce qui arrive ?
Qu'est-ce qui s'est passé ?
Qu'est-ce qui est arrivé ?

Il y a eu un accident
Un accident a eu lieu
Il s'est passé quelque chose de terrible, d'extraordinaire, d'incroyable...

■ **Croire**

— croire quelqu'un : je vous crois
— croire à une chose : je crois aux coïncidences (j'y crois)
— croire que + verbe : je crois que ça va aller
— croire + verbe infinitif : je crois pouvoir le faire (= je crois que je peux le faire)

■ **Aussi/non plus**

— Je suis d'accord ! — moi **aussi** !
— Je ne suis pas d'accord ! — moi **non plus** !
— Ma copine n'est pas petite mais elle n'est pas grande **non plus**.
— Vous ne me croyez pas, vous **non plus** ?

■ **Le gérondif : « en » + verbe + « ant »**

a) **Pour dire qu'on fait deux choses en même temps :**
Elle lit en mangeant — Il dit bonjour en entrant.

b) **Pour expliquer « comment » :**
Il monte l'escalier en courant.
Elle est entrée en passant par la fenêtre.

c) **Formation : comme le présent** (après « nous »)     **mais :**

nous sortons ⟶ sortant       être ⟶ étant
nous mangeons ⟶ mangeant     avoir ⟶ ayant
nous finissons ⟶ finissant   savoir ⟶ sachant
nous faisons ⟶ faisant

―――――――――――――――― *Études* ――――――――――――――――

1. Il fume et il lit le journal =
   Il fume en lisant le journal

   - Il fume et lit le journal →
   - Elle rentre chez elle et elle court →
   - Je regarde la télé et je bois mon café →
   - Écoute et fais attention →
   - Ils sont partis et ils ont dit au revoir →
   - Le voleur est sorti et il a fait beaucoup de bruit →
   - Le voleur a fait beaucoup de bruit quand il est sorti →
   - Ils ont dit au revoir quand ils sont partis →
   - Prenez ce médicament quand vous mangez →
   - Vous avez regardé l'heure quand vous êtes arrivé ? →
   - J'ai pu entrer parce que j'ai utilisé une fausse clé. →

2. Contraires
   — Tu étais là, toi aussi ? ≠
   Tu n'étais pas là, toi non plus !

   - Tu étais là →
   - Il n'y va jamais, lui non plus ≠
   - Ils ont vu quelqu'un eux aussi ≠
   - Vous n'avez rien entendu, vous non plus ≠
   - Je veux lui offrir quelque chose moi aussi ≠

3. — Tu peux éviter la place de la Concorde quand il y a trop de voitures.
   — Ah bon ? Comment ?
   — Eh bien, passe par l'avenue Gabriel ! = En passant par l'avenue Gabriel !

   - — Tu peux éviter la place de la Concorde →
   - — Comment est-ce qu'il est arrivé à passer ?
   - — C'est simple : il a montré sa carte de journaliste =
   - — Comment as-tu pris cette photo ?
   - — Facile ! Je me suis servi d'une lampe bleue =
   - — Comment as-tu appris le français ?
   - — Le plus simplement du monde : je suis allé en France =
   - — Comment avez-vous cassé votre clé ?
   - — Eh bien, j'ai essayé d'ouvrir la porte =
   - — Le voleur est entré comment ?
   - — Oh, très facilement : il a cassé une fenêtre =

## 1. LE VÉLOMOTEUR DE FRÉDÉRIC

a — On a volé le vélomoteur de Frédéric pendant qu'il était à un concert

*Vous êtes Frédéric. Racontez.*

b — Frédéric à la police.
Le policier demande à Frédéric comment était son vélomoteur, où et quand il a été volé.

*Imaginez le dialogue.*

c — C'est Cécile qui a pris le vélomoteur.

*Vous êtes Cécile. Racontez.*

d — Cécile et Frédéric :
— Dis Cécile, tu sais qu'on m'a volé mon vélomoteur ?
— Ton vélomoteur ? Ah bon !

*Imaginez le dialogue.*

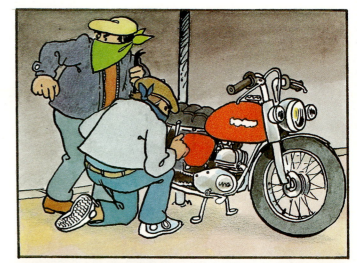

## 2. L'ANTIVOL

*Racontez l'histoire.
Et vous ?
On vous a déjà volé quelque chose ?
Racontez*

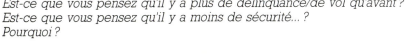

### 3. LA SÉCURITÉ, LA VIOLENCE, LE VOL...

*Est-ce que vous pensez qu'il y a plus de délinquance/de vol qu'avant ?*
*Est-ce que vous pensez qu'il y a moins de sécurité... ?*
*Pourquoi ?*

# LEÇON 16

### Le cambrioleur de la rue Copernic

La police vient d'arrêter un suspect après un cambriolage rue Copernic. C'est un homme de 30 ans environ de nationalité française. Mais la police se demande s'il n'a pas de faux papiers d'identité. En effet, il parle avec un accent étranger. Les policiers viennent aussi de retrouver sa voiture : une grosse voiture américaine rouge immatriculée en France. On suppose que c'est une voiture de location.

*Dernière minute :* nous venons d'apprendre que le suspect a quitté le commissariat avec les excuses de la police.

# UNE VOITURE ROUGE OU ORANGE ?

le 8 Juin -

C'est terrible! D'habitude, les Delair ne sont pas chez eux à midi. J'ai donc choisi ce moment-là pour "visiter" leur appartement. Je suis entré facilement avec une fausse clé. Je venais de fouiller le bureau quand tout à coup, j'ai entendu du bruit dans l'entrée. Je n'ai pas hésité. Je suis ressorti du bureau en courant. Et je suis parti à toute vitesse en bousculant les Delair. Je suis passé si vite que je suis sûr qu'ils ne m'ont pas vu !

le 9 Juin -

La police m'a arrêté hier soir.
Les Delair ne m'avaient pas bien vu mais je suppose qu'ils auraient noté le numéro de ma voiture. Le commissaire m'a posé beaucoup de questions. Bien sûr, j'ai menti : hier, à midi, j'étais si fatigué que je ne suis pas sorti, ma voiture était devant l'hôtel et quelqu'un l'avait probablement volée.
Le commissaire ne m'a sûrement pas cru! Mais le téléphone a sonné : "Allô ?... Pardon, Monsieur le Directeur ?... Ce n'était pas le n° 6189 MO 75 ?... C'était le 6819 OW 75 ? Une petite voiture italienne.... orange ?... C'est incroyable !!! Très bien, Monsieur le Directeur."
Le commissaire m'a dit au revoir en s'excusant.
Je viens de rentrer à l'hôtel. Je ne comprends rien !
Qui est le Directeur qui a téléphoné ? Pourquoi a-t-il menti à la police ?
Je n'en sais rien mais j'ai eu de la chance.

95

## Accords

### À LA PORTE DU GARAGE

*Je t'attendrai à la porte du garage*
*Tu paraîtras dans ta superbe auto*
*Il fera nuit mais avec l'éclairage*
*On pourra voir jusqu'au flanc du coteau*

*Nous partirons sur la route de Narbonne*
*Toute la nuit le moteur vrombira*
*Et nous verrons les tours de Carcassonne*
*Se profiler à l'horizon de Barbera*

Charles Trenet

## Gammes

■ « Re » + verbe

**Re = une deuxième fois, encore**
**Re**faire = faire une deuxième fois. **Re**partir = partir encore
a) **Re + verbe** : reprendre, refermer, recommencer, revenir, ressortir
b) **R + verbe** : rentrer, rouvrir, racheter, rappeler, rapprendre

■ Le passé récent :

**« venir » + verbe (infinitif)**

Il vient de sortir = il est sorti il y a une minute
Je viens de manger
Elle vient de nous le raconter
Je venais de sortir quand le téléphone a sonné

■ Pour supposer :

| | |
|---|---|
| — il est **peut-être** français | — **je me demande** s'il est français |
| (ce n'est pas impossible) | |
| — il **doit** être français<br>— il est **sans doute** français<br>— il est **probablement** français | — **je suppose** qu'il est français<br>— **je crois** qu'il est français<br>— **il me semble** qu'il est français |
| (c'est possible) | |
| — il est **sûrement** français<br>— il est **certainement** français | — **je suis sûr** qu'il est français<br>— **à mon avis,** il est français |
| (c'est [presque] sûr) | |

■ « Si » + adjectif + « que... »

Mon livre est **si** intéressant **que** je l'ai lu en un après-midi.
C'est **si** cher **que** personne n'en achète.
Les Delair sont **si** bizarres **que** Sirius ne comprend rien !

## Études

1. — *Tu vas le faire ?*
   — *Écoute, je l'ai déjà fait !*
   *mais je veux bien le refaire.*

| Tu vas le faire ? → | Vous descendez ? |
|---|---|
| Tu appelles Jacques ? | Elle va à la poste ? |
| On commence ? | Tu lis l'article ? |

2. *C'est très bon. Tout le monde en redemande =*
   *C'est si bon que tout le monde en redemande.*

C'est très bon →
Il était très triste. Il est tombé malade.
Ce film est très amusant. J'ai ri toute la soirée.
L'émission était très intéressante : nous nous sommes couchés à minuit.
Il faisait très froid. Je suis devenu tout bleu.

3. *Tu as fait ton travail ?*
   — *Mais je viens de le faire !*

Tu as fait ton travail ? →
Tu as acheté le gâteau ? Vous avez téléphoné à Arnaud ? Sirius est arrivé ? Vous avez compris ?
Il a pris l'autobus ? Elles sont allées à la boulangerie ? Elle a ouvert la porte ?

## 1. JOGGING

© Roba « Bill est maboul » (Dupuis) — *Racontez l'histoire*

## 2. FAITS DIVERS

**IL N'Y A PLUS D'ENFANTS !**

Un drôle de cambriolage a eu lieu la nuit dernière dans une usine de jouets de la banlieue de Lyon. Le ou les voleurs ont volé 3 cartons de... petites voitures, en entrant par une fenêtre qu'ils ont cassée. La police enquête... dans l'école du quartier !

*Écrivez vous aussi un article sur le modèle de « Il n'y a plus d'enfants » à partir de la BD « Jogging »*

## 3. VOITURES

*Quelle est votre voiture préférée ?*

*Est-ce que vous aimez les voitures françaises/américaines/italiennes, etc ?
Pourquoi ? Qu'est-ce que vous en pensez ?*

# LEÇON 17

**1. M. et Mme Delair (dans l'appartement)**

M. D.   Chérie, je vais à l'agence de voyages... je dois aller à Marseille demain.
Mme D.  A Marseille ? Mais pourquoi ? On avait décidé d'aller chez le cousin Arthur...
M. D.   Euh, oui, je sais... mais je dois absolument y aller pour mon travail.
Mme D.  Bon, alors, on ira chez le cousin Arthur sans toi.

**2. A l'agence de voyages : M. Delair et l'employé**

M. D.   Je voudrais aller à Marseille demain. Est-ce que vous pourriez me réserver une place dans le train ?
E.      Vous voudriez être à Marseille à quelle heure ?
M. D.   A midi, pas plus tard.
E.      Je regrette, monsieur, je viens de téléphoner, il n'y a plus de place dans le train du matin.
M. D.   Ah zut ! J'ai un rendez-vous très important au Vieux-Port.

# BON VOYAGE !

| | |
|---|---|
| E. | Alors, vous devriez prendre l'avion. A votre place, je prendrais l'avion de 10 h qui arrive à l'aéroport de Marignane à 10 h 45. Ensuite, je vous conseille de prendre le bus pour la ville et vous seriez ainsi au Vieux-Port à 11 h 30. |
| M. D. | Ce serait parfait ! |
| E. | Donc, je prépare votre billet. Vous pourriez revenir dans un quart d'heure ou vingt minutes ? |
| M. D. | Entendu ! |

## 3. Les mêmes (plus tard)

| | |
|---|---|
| E. | Voilà votre billet, monsieur Delair. |
| M. D. | Merci beaucoup. |
| E. | Bon voyage !... Ah, j'oubliais, vous ne serez pas seul dans l'avion... Un monsieur qui vous connaît vient de prendre un billet pour le même vol. |
| M. D. | Un monsieur qui me connaît, vous dites ? |
| E. | Oui, c'est dommage, il vient de sortir. Il a une grande barbe noire et il s'appelle Langlois ou Langlais... |

# Accords

## NOUS PARTIRONS...

*Nous partirons dans un train express*
*Pour nulle part*
*Nous prendrons le temps*
*De nous regarder*

*Nous partirons sur des super jets*
*Des jumbo-stars*
*Sur les westernlines*
*Nous planerons*

*Nous partirons nous deux*

                         Yves Simon

# Gammes

### ■ Le conditionnel présent

**a) conjugaison :**
je finir**ais**
tu manger**ais**
elle/il mettr**ait**
nous prendr**ions**
vous dir**iez**
ils partir**aient**

**b) comparez le conditionnel et le futur :**
je mangerais/je mangerai
ils mangeraient/ils mangeront
nous mangerions/nous mangerons

**c) verbes irréguliers :**
Bien sûr, les verbes irréguliers sont les mêmes que pour le futur :

avoir → j'aurais — être → je serais — aller → j'irais — devoir → je devrais — faire → je ferais — pouvoir → je pourrais — savoir → je saurais — vouloir → je voudrais — voir → je verrais — envoyer → j'enverrais — courir → je courrais — recevoir → je recevrais — venir → je viendrais.

**d) emplois**
on utilise le conditionnel présent :
— pour **demander :** je voudrais... Tu pourrais me prêter/donner...
— pour **conseiller :** tu devrais... — vous pourriez...
— pour **rêver** (ou jouer) : je serais l'homme le plus fort/riche du monde et j'aurais...

### ■ Pour conseiller

— Je te conseille (/conseillerais) de prendre l'avion.
— Tu devrais prendre l'avion.
— Moi, à ta place, je prendrais l'avion.
— Pourquoi tu ne prends pas l'avion ?
— Prends donc l'avion !

## Études

1. *Vous avez mal aux dents/Allez chez le dentiste !*
   = Vous devriez aller chez le dentiste /A votre place j'irais chez le dentiste

   *Allez chez le dentiste* →
   Il boit trop de limonade/Arrêtez d'en acheter ! =
   Vous êtes en retard/Dépêchez-vous ! =
   Il est déjà 8 h/Courez ! =
   Vous n'aimez pas l'avion/Prenez le bateau ! =
   Tu es mauvaise élève/Travaille plus ! =
   Ils sont très fatigués/Dormez plus longtemps ! =
   Il fait très froid/Prenez un pull ! =
   Le film est très amusant/Allez le voir ! =
   C'est dangereux/Faites attention ! =

2. *Il est sportif. Il court vite, Il est toujours en forme, Il fait de la gymnastique, Il ne reste pas toujours devant la télévision, Il devient champion... Il est champion du monde !*

   *Il est sportif* →
   j'aimerais être plus sportif, je courrais...
   il aimerait être plus sportif...

3. *Poli, pas poli*
   *Donne-moi du lait !*
   = Tu pourrais me donner du lait, s'il te plaît ?
   = Je voudrais du lait, s'il te plaît

   *Donne-moi du lait !* →
   Donnez-moi ce livre !
   Passe-moi le pain !
   Ferme la fenêtre !
   Ouvrez la porte !
   Appelez-moi un taxi !
   Parlez plus lentement !
   Donnez-moi votre clé !
   Viens chez moi !

## 1. CONSEILS POUR UN VOYAGE

*Votre ami va au Sahara.
Donnez-lui des conseils :*

Tu devrais... à ta place...
je te conseille de...

*L'aide internationale communique :*
— Vous allez au Sahara ? N'oubliez pas :
— des lunettes
— une carte
— beaucoup d'eau
**ET SURTOUT NE PARTEZ JAMAIS SEUL !**

*Il va au pôle Nord.
Qu'est-ce que vous
lui conseillez ?*

## 2. VIENS CHEZ MOI !

Votre ami(e) français(e) vient chez vous.
Donnez-lui des conseils :
train ou bus ?
Vêtements chauds ou d'été ? En passant, visiter un monument
ou un musée, etc.

### 3. CONSEILS POUR AVOIR DES AMIS

*Je n'ai pas d'ami(e)s. Qu'est-ce que je dois faire ?*
*Tu devrais..., à ta place..., je te conseille de...*

### 4. LE TGV

Le TGV est un train à grande vitesse. Il roule à 250 km/h.
Pour prendre le TGV, il faut réserver sa place.
Il y a un appareil de réservation rapide (et automatique).

Sur le quai ou sur le parcours d'accès au train, des distributeurs marqués "TGV réservation rapide" vous permettent d'obtenir des places dans le premier TGV ayant des places disponibles et partant dans l'heure et demie qui suit la demande

*Essayez de comprendre comment il marche,*
*et dites ce qu'il faut faire.*

# LEÇON 18

**1. M. Delair est à Marseille sur le « Vieux Port ». Il parle avec une marchande de poissons.**

| | |
|---|---|
| **M. D.** | Pardon, madame, le restaurant du Vieux-Port, c'est celui-ci ? |
| **March.** | Non, celui-ci c'est le restaurant de la Mer. Celui du Vieux-Port est là-bas, juste derrière le bus. |
| **M. D.** | Derrière le bus qui vient de s'arrêter ? |
| **March.** | Oui, s'il n'était pas devant, vous verriez le nom du restaurant. |
| **M. D.** | Merci beaucoup. |


**2. Au restaurant : le colonel chef du SEE et M. Delair**

| | |
|---|---|
| **C.** | M. Delair, je suppose ? |
| **M. D.** | Euh... oui monsieur, je... |
| **C.** | Asseyez-vous... on va commander tout de suite.<br>Voilà la carte. Qu'est-ce que vous prenez ? |
| **M. D.** | Euh... je ne sais pas. Si j'avais très faim, je prendrais le menu du jour, mais... |
| **C.** | Écoutez, on est à Marseille, et il y a de la soupe de poissons. Elle est excellente. Prenons-en. |
| **M. D.** | D'accord... |

# AU RESTAURANT

### 3. Les mêmes (plus tard)

C. On pourrait peut-être commencer à bavarder ?
M. D. Volontiers.
C. Vous êtes représentant, n'est-ce pas ?
M. D. Oui, mais je ne comprends pas... je suis venu parce que j'ai reçu votre lettre. Vous êtes bien le directeur de l'Opéra, n'est-ce pas ?
C. Une seconde, M. Delair ! Nous savons beaucoup de choses sur vous. Par exemple que vous êtes musicien et représentant, et que vous voyagez donc beaucoup pour votre travail et vos concerts.
M. D. Euh oui, je voyage beaucoup en effet. Mais vous pourriez m'expliquer...
C. Calmez-vous, M. Delair. Si vous me laissiez parler, vous comprendriez. Voilà, je ne suis pas directeur de l'Opéra, mais chef d'un service de renseignements.
M. D. Un service de renseignements ? Mais qu'est-ce que vous voulez ?
C. Voilà : vous voyagez beaucoup. Vous allez souvent à l'étranger. Si vous vouliez, vous pourriez travailler pour nous.
M. D. Travailler pour vous ? Mais...
C. Si vous acceptiez, M. Delair, vous gagneriez beaucoup d'argent, vous savez !
M. D. Mais c'est incroyable !
C. Du calme, M. Delair... Réfléchissez... Alors quelle est votre réponse ?
M. D. Ma réponse ? La voilà ! (il lui renverse la soupe de poissons sur la tête).

## Accords

### DANS LA SOUPE A MA GRAND-MÈRE

*Dans la soupe à ma grand-mère (bis)
J'aimais bien les pommes de terre
Mais j'aimais pas les oignons.*

*A l'école j'avais des billes (bis)
Et je me moquais bien des filles
Qui se moquaient des garçons.*

*Le dimanche à la grand-messe (bis)
J'aimais bien chanter les cantiques
Mais j'aimais pas les sermons.*

Hugues Auffray

## Gammes

■ L'hypothèse avec « si »

**a) Hypothèse probable : « Si » + présent → présent ou futur**
Si tu veux, tu peux.
Si j'ai le temps, j'irai voir ce film.

**b) Hypothèse improbable : « Si » + imparfait → conditionnel présent**
Si j'étais riche, je ferais beaucoup de voyages.
Si on avait le temps, on visiterait la ville, mais on doit partir.

■ Les pronoms démonstratifs

| masculin singulier | féminin singulier | masculin pluriel | féminin pluriel |
|---|---|---|---|
| **celui** | **celle** | **ceux** | **celles** |

Tu veux quelle chambre ? **Celle-ci** ou **celle-là** ?
Voilà la chambre de Frédéric et voilà **celle de** Cécile.
A qui est ce livre ? C'est **celui de** François.

1. *Avec des « si... »*
   *Si j'avais de l'argent...*
   *(acheter/piano)*
   *= Si j'avais de l'argent,*
   *j'achèterais un piano*

   > Si j'avais de l'argent →
   > Si tu voulais... (être heureux)
   > Si j'étais plus vieux... (avoir une voiture)
   > Si vous étiez d'accord... (aller au concert ensemble)
   > Si nous pouvions... (prendre l'avion)
   > Si elle n'était pas toujours en retard... (pouvoir choisir sa place)
   > Si on avait de la place... (prendre le chien)
   > S'il y avait moins de bruit... (dormir mieux)

2. *« Si » + imparfait ou « Si » + présent ?*
   *(Si/avoir le temps — nous/aller à tous les concerts du monde)*
   *= Si nous avions le temps nous irions à tous les concerts du monde*

   > Si avoir le temps →
   > Si/prendre un taxi — arriver plus vite (elle ne m'attendra pas).
   > Si/avoir de l'argent — je/prendre un taxi (mais je n'en ai pas).
   > Si/écouter le professeur — vous/comprendre vos leçons (et ça ira mieux).
   > Si/pouvoir faire un voyage — vous/aller dans quel pays ?
   > Si/pouvoir sortir — je/aller faire du ski demain (mais je suis encore malade).
   > Si/aller à Annecy — elle/rencontrer les Delair (ils seraient contents).

3. *Celui/celle...*
   *— A qui est ce livre ? (Paul)*
   *— Ce livre ? Il est peut-être à Paul*
   *— Mais oui, c'est celui de Paul.*

   > A qui est ce livre →
   > A qui sont ces disques ? (Delphine)
   > A qui est cette voiture ? (Les Delair)
   > A qui sont ces cassettes ? (Frédéric)
   > A qui est cet appareil photo ? (Sirius)

## 1. AU RESTAURANT

*Regardez la carte et commandez.*

Restaurant du Lac -
3, rue du Casino - 74000 Annecy
Tél. 50.48.36.94.

RESTAURANT DU LAC
★ ★

**Menu à 45F**

Salade
Bifteck pommes frites
Fromage
ou
Fruits
ou
Glace

**Menu touristique à 78F**

Salade de saison
ou
Pâté de campagne
Poisson du lac aux petits légumes
ou
Entrecôte béarnaise
ou
Poule au riz
Fromages variés
Tarte maison
ou
Mousse au chocolat

**Menu gastronomique à 148F**

Spécialités régionales (Surprise du chef)

Service 12,5% compris - Prix nets

*Dans un restaurant de votre pays qu'est-ce que vous préférez manger ?*

## 2. LES SPÉCIALITÉS DE LA RÉGION

*Quelles sont les spécialités de votre pays, de votre région ?*
*Un ami français est venu vous voir : conseillez-lui d'essayer des spécialités de votre pays.*

En Alsace, la choucroute...   Dans le Sud-Ouest, le cassoulet...   En Bretagne, les crêpes

### 3. ENQUÊTE

*Vous répondez à l'enquête : si j'avais 18 ans (continuez)*

```
VOUS AVEZ 18 ANS
================
                                           Une enquête INSEE

  □ Qu'est-ce qui est le plus important pour vous ?

           Les amis      □
           Le travail    □
           le sport      □
           Les voyages   □

  □ Vous voulez avoir un métier tout-de-suite ?        OUI □   NON □
      Si OUI, quel métier vous intéresse ? ............
      Pourquoi ? ..........................................
      ......................................................

  □ Vous voulez continuer à étudier                    OUI □   NON □
      Où voulez-vous étudier ? ............
      Pourquoi ? ..........................................
      ......................................................

  □ Quelle matière vous intéresse ? ............
      Pourquoi ? ............

  □ Après vos examens quel métier
    choisirez-vous ?                        un métier
                                            manuel       □

                                            un métier
                                            intellectuel □
      Pourquoi ? ..........................................
      ......................................................

  □ Préférez-vous ?
      un métier que vous aimerez beaucoup
      mais qui ne sera pas bien payé          □

      un métier que vous aimerez moins mais
      qui sera bien payé                      □
      Pourquoi ? ..........................................
      ......................................................
```

### 4. QU'EST-CE QUI ARRIVERAIT SI...

... si le soleil disparaissait ?
... si j'étais un garçon/une fille ? (ce que je ne suis pas)
... si les vacances n'existaient pas ?
... s'il n'y avait que des vacances ?
... s'il n'y avait qu'une seule saison ?
... si les chiens et les chats pouvaient parler ?
... si...

# LEÇON 19

le 13 Juin -

1 - Je ne saurai jamais ce que Jacques Delair est allé faire à Marseille. Je suis arrivé à l'aéroport dix minutes avant le départ de l'avion. J'ai vu Jacques Delair passer le contrôle, et je l'ai suivi, mais le contrôleur m'a arrêté. En effet, je n'avais pas mon billet : je l'avais oublié à l'hôtel !

2 - Alors, j'ai suivi Mme Delair et les enfants qui allaient chez leur cousin Arthur, et je ne le regrette pas. En effet, il habite dans une région magnifique : le Jura. Il est agriculteur et il a une grande ferme avec beaucoup d'animaux : des vaches, des chevaux, des poules. Le paysage est très vert ; il y a beaucoup d'arbres et de fleurs. J'ai trouvé une auberge sympathique, pas très loin de la ferme de l'oncle Arthur.

3 - La campagne, c'est merveilleux : pas de bruit, pas de pollution, le calme - Ah, j'aimerais y vivre ! Quel rêve ! Je vivrais dans la nature et je n'irais plus à la ville ! Je m'occuperais de mes animaux, de mes plantes et de mes fleurs. Je pourrais faire de la musique (je jouais du piano quand j'étais petit). Je pourrais aussi faire du sport : jouer au tennis et faire du cheval.
Je ne ferais plus rien faire : je ne ferais même plus réparer mes chaussures, je les réparerais moi-même. Je serais comme Robinson Crusoé !
Bref ! ce serait le bonheur ! ...

le 14 Juin -

Ce voyage à la campagne m'a fait réfléchir. C'est décidé, j'arrête mon enquête. Je rentre dans mon pays et je vais vivre à la campagne. J'ai téléphoné au Colonel. Il s'est mis en colère comme d'habitude. Mais cette fois-ci, ça m'a fait rire.

# A LA CAMPAGNE

## Accords

### LA MONTAGNE

*Ils quittent un à un le pays
Pour s'en aller gagner leur vie
Loin de la terre où ils sont nés*

*Depuis longtemps ils en rêvaient
De la ville et de ses secrets
Du formica et du ciné*

*Les vieux, ce n'était pas original
Quand ils s'essuyaient, machinal
D'un revers de manche les lèvres*

*Mais ils savaient à tout propos
Tuer la caille et le perdreau
Et manger la tomme de chèvre.*

Refrain
*Pourtant, que la montagne est belle,
Comment peut-on imaginer
En voyant un vol d'hirondelle
Que l'automne vient d'arriver.*

Jean Ferrat

## Gammes

■ « Faire faire »

a) Mme Delair a **fait réparer** sa voiture (elle ne l'a pas réparée elle-même)
Le cambrioleur s'est **fait arrêter** par la police (il ne s'est pas arrêté lui-même !)
Ils se sont **fait renverser** par une voiture (ils ne se sont pas renversés eux-mêmes)

b) Cet acteur est très amusant : il me **fait** beaucoup **rire**
Robinson Crusoë **fait rêver** les enfants... et les grands.
« La faim **fait sortir** le loup du bois » (proverbe)

■ Un paysage (à la campagne)

1) des montagnes
2) une rivière
3) un nuage
4) un village dans une vallée
5) un champ
6) une ferme
7) une forêt
8) un arbre
9) un cheval
10) une vache
11) une poule
12) un oiseau

■ « Faire » ou « jouer » ?

|  | **Faire** | **Jouer** |
|---|---|---|
| sports | **Faire du...**<br>**du** vélo<br>**du** cheval<br>**de la** natation<br>etc. | **Jouer à...**<br>**au** football<br>**au** tennis<br>**au** volley<br>etc. |
| musique | **Faire de la** musique | **Jouer de...** + (instrument de musique)<br>**du** piano<br>**de la** guitare<br>etc. |
| autre | **Faire du** tourisme<br>**du** théâtre<br>**de la** photo | **Jouer aux** cartes<br>**à la** poupée<br>**aux** échecs |

Tu fais du vélo ? — Oui, j'en fais
Tu joues au football ? — Oui, j'y joue
Tu joues de la trompette ? — Oui, j'en joue

## Études

1. *Loisirs*
   — Tu fais du ski ?
   — Non, je n'en fais pas.
   — Pourquoi ?
   — Parce que c'est trop cher.
   — Tu joues au tennis ?
   — Non, je n'y joue pas.
   — Pourquoi ?
   — Parce que c'est fatigant.

   *Tu* → vous, il, elle...
   *Ski, tennis* → musique, photo, échecs...
   *Non* → Oui
   *Cher, fatigant* → ennuyeux, dangereux..., sympa...

2. Regarde : ton chat a faim.
   — Eh bien, fais-le manger !

   — Ton chat a faim →
   — Vos enfants ont soif,
   — Zoé est triste,
   — Votre chien ne veut pas rester dans la maison,
   — Vos amis viennent d'arriver,
   — M. Degas est suspect,

3. Vous faites réparer votre vélo ?
   — Non, je le répare moi-même.

   — Vous faites réparer votre vélo →
   — M. Delair fait chercher son porte-documents ?
   — Le colonel fait appeler Sirius ?
   — Vous faites surveiller les Delair ?
   — Il fait suivre les Delair ?
   — Il fait traduire son message ?
   — Ils font laver leur voiture ?
   — Elles font transporter leurs valises ?

## 1. A LA CAMPAGNE

Qu'est-ce que vous préférez, la ville ou la campagne ?

Pourquoi ?

## 2. RÊVES

Si j'habitais à la ville/à la campagne : je ferais... j'irais... je serais... j'aurais...

Imaginez ce que vous feriez

## 3. LES PRINCIPAUX SPORTS

— Qu'est-ce que vous faites comme sport ?

— Quels sports aimeriez-vous faire ? Pourquoi ?

— Quels sont les sports les plus populaires dans votre pays ?

## 4. LA POLLUTION

Que pensez-vous de la pollution ?
Est-ce que c'est un problème important ?
Qu'est-ce qu'il faut faire ?

# LEÇON 20

### 1. M. Delair, Cécile et Frédéric

**M. D.** Dites, les enfants, il faudra penser à se préparer pour la fête.

**F.** Quelle fête ? Moi j'aime pas les fêtes. A Noël, il faut dire « Joyeux Noël », à Pâques « Joyeuses Pâques », au Nouvel An « Bonne année ! », ça m'énerve.

**C.** Mais Frédéric, c'est la Fête de la Musique, ce n'est pas pareil ! On ne te demande pas de dire quelque chose, mais de jouer du violon.

**M. D.** Oui, les gens du quartier nous ont demandé de donner un concert.

**C.** Oh, c'est extra ! On va jouer tous les quatre ensemble !

**F.** Pas tous les quatre. Moi, je ne jouerai pas : mon violon est abîmé.

**M. D.** Bon, je te prêterai le mien. Moi, je n'en ai pas besoin : je jouerai de la flûte.

**F.** C'est vrai, je pourrai prendre le tien ?

**M. D.** Oui. Tu peux l'essayer tout de suite. Va le chercher, si tu veux.

**F.** Hein ? Qu'est-ce que tu dis, papa ?

**C.** Papa te dit d'aller le chercher, si tu veux l'essayer.

### 2. Les mêmes, et Mme Delair (qui arrive)

**Mme D.** Qu'est-ce que c'est, ces deux paquets, dans l'entrée ?

**M. D.** Des surprises pour les enfants.

**C.** Oui, papa nous a dit de t'attendre pour les ouvrir mais maintenant je vais les chercher.

**F.** Oh ! Des boîtes à violon toutes neuves ! Elles sont extra !

**M. D.** Oui, les vôtres étaient trop vieilles.

**C.** C'est très gentil ! Merci papa !

**F.** Oui, c'est un très beau cadeau. Merci beaucoup.

**Mme D.** Bon ! eh bien maintenant il faut répéter pour la fête ! J'ai mon instrument, allez chercher les vôtres, et... « En avant la musique ! »

# LA FÊTE DE LA MUSIQUE

## Accords

### LA FÊTE

Tiens, tout a changé ce matin
Je n'y comprends rien
C'est la fête
Jeunes et vieux, grands et petits
C'est la fête, la fête

C'est comme un grand coup de soleil
Un vent de folie
Rien n'est plus pareil aujourd'hui

Le monde mort et enterré
A ressuscité
On peut respirer
C'est la fête, la fête

Plus de bruit, plus de fumée
Puisqu'on va tous à pied
C'est la fête, la fête

Le pain et le vin sont gratuits
Et les fleurs aussi
C'est la fête, la fête

C'est comme un grand coup de soleil
Un vent de folie
Rien n'est plus pareil aujourd'hui

Depuis le temps qu'on en rêvait
Qu'on en crevait, elle est arrivée
C'est la fête, la fête

Michel Fugain

## Gammes

■ **Le discours rapporté**

« — Vous venez ? » → il **demande** si vous venez.
« — Venez ! » → il vous **dit de** venir.
« — Venez, s'il vous plaît. » → Il vous **demande de** venir.
« — N'y va pas ! » → Elle lui **dit de** ne pas y aller.
« — Ne la prends pas, s'il te plaît. » → Elle lui **demande de** ne pas la prendre.

■ **Les pronoms possessifs** (Les Français n'aiment pas répéter)
— C'est ta voiture ? — Non, c'est **la sienne** (la sienne = sa voiture)

|  | Singulier | | Pluriel | |
|---|---|---|---|---|
|  | masculin | féminin | masculin | féminin |
| (je) | le mien | la mienne | les miens | les miennes |
| (tu) | le tien | la tienne | les tiens | les tiennes |
| (il/elle) | le sien | la sienne | les siens | les siennes |
| (nous) | le nôtre | la nôtre | les nôtres | les nôtres |
| (vous) | le vôtre | la vôtre | les vôtres | les vôtres |
| (ils/elles) | le leur | la leur | les leurs | les leurs |

■ **« Aller chercher »**

Je cherche mon livre : je ne sais pas où il est
Je vais chercher mon livre : je sais où il est, mais il n'est pas ici

Tu vas chercher tes disques ? — Oui, Je vais les chercher.

## Études

1. *Dire de/Demander de/Conseiller de*
   — Donnez-moi ce livre !
   — Pardon ?
   — Elle vous dit de lui donner ce livre.

   > *Donnez-moi ce livre* →
   > Allez plus vite, s'il vous plaît !
   > Parlez plus lentement !
   > Viens chez moi
   > Ne prends pas ma guitare
   > Prête-moi tes disques
   > Mangez des fruits !
   > Buvez de l'eau !
   > Faites du sport !
   > Ne mange pas maintenant

2. C'est votre voiture ?
   — Non, la mienne est plus petite.

   > *votre voiture* → son livre, ton vélomoteur, sa cassette, nos instruments, votre valise, leurs porte-documents...
   > *plus petite* → plus grande, rouge, moins vieux, noir, en cuir, chez moi...

3. J'ai besoin d'un crayon.
   — Je vais en chercher un.

   > *J'ai besoin d'un crayon !* →
   > Je voudrais essayer ton violon !
   > On peut voir vos nouveaux pulls ?
   > Où est ta cassette ?
   > J'aurais besoin de beurre
   > J'ai envie de fruits
   > Je voudrais voir le menu
   > Tu n'as pas un pull à me prêter ?
   > On peut avoir un verre d'eau ?
   > Tu me montres ta jupe ?

## 1. LES FÊTES

*A Pâques*, les enfants cherchent des œufs en chocolat

*Pour le carnaval*, on se déguise,

*Pour la « Fête des Rois »*, on mange des galettes

*Pour Noël*, on décore un sapin, on fait des cadeaux.

*Pour la « Chandeleur »*, on fait des crêpes

*Vous aimez les fêtes ? Lesquelles ? Pourquoi ?*
*Quelles sont les fêtes typiques chez vous ? Qu'est-ce qu'on fait ces jours-là ?*

## 2. A LA RADIO

*Vous êtes animateur d'une radio régionale.*
*Annoncez (employez le futur) le programme des fêtes et festivals.*

*Aix-en-Provence*
*Festival de la musique*

*Paris, Festival du Marais*

## 3. VOS VACANCES EN FRANCE

*Vous avez l'intention de passer des vacances en France.*
*Quelles villes est-ce que vous visiterez?*
*A quel concert, festival, fête, est-ce que vous irez, etc.?*

*Faites votre programme.*

# FUGUES

La FUGUE  1 peut être lue après la LEÇON   3
La FUGUE  2 peut être lue après la LEÇON   6
La FUGUE  3 peut être lue après la LEÇON   9
La FUGUE  4 peut être lue après la LEÇON  12
La FUGUE  5 peut être lue après la LEÇON  14
La FUGUE  6 peut être lue après la LEÇON  16
La FUGUE  7 peut être lue après la LEÇON  17
La FUGUE  8 peut être lue après la LEÇON  18
La FUGUE  9 peut être lue après la LEÇON  19
La FUGUE 10 peut être lue après la LEÇON 20

# 1

## *« Deux copains en voyage »*

— Allô, Paul ? C'est Jérôme.
— Salut ! Tu vas bien ?
— Ça va ! Je t'appelle parce que j'ai quelque chose à te dire. Voilà : je vais partir en voyage. Tu veux venir avec moi ?
— Oh oui ! Où est-ce que tu vas ?
— Où est-ce que tu veux aller, toi ?
— Je peux choisir ? Chouette ! euh attends... je ne sais pas... au bord de la mer, par exemple.
— C'est une bonne idée. Tu veux y aller en avion ?
— Ah ! on peut y aller en avion ? Oh oui ! c'est formidable ! je n'ai jamais pris l'avion.
— Tu choisis quel genre d'hôtel ?
— On va à l'hôtel, tu es sûr ?... Alors un très bon hôtel, près de la plage... peut-être même sur la plage ?
— D'accord, une grande chambre dans un très bon hôtel sur la plage. Et tu veux aussi un bateau ?
— Un bateau ? Oh oui ! un petit bateau...
— Pourquoi un petit bateau ? un grand bateau ! Et on va manger au restaurant tous les jours. Qu'est-ce que tu aimes manger ?
— Moi ? tout ! J'aime tout, au restaurant. Et on va rester combien de temps là-bas ?
— Comme tu veux... un mois, ça va ?
— Formidable ! Mais tu vas pouvoir payer tout ça ? L'avion, le restaurant, l'hôtel et le bateau ?
— Payer, ah non ! Moi, j'ai les idées, et toi tu paies, d'accord ?
— Ooooh !...

# 2

## « *Une lettre de correspondant* »

Stuttgart, le 18 Avril

Chère Julie,

Merci de ta lettre.

Je m'appelle Ursula Hauptmann et je suis élève de deuxième année dans un collège à Stuttgart. Dans quelle classe es-tu ? Le 16 Mai, c'est mon anniversaire : ce jour-là, j'ai 14 ans. Nous avons le même âge !

J'habite avec mes parents dans une maison près de Stuttgart : c'est une grande ville dans le sud de l'Allemagne.

Je cherche une amie française parce que j'apprends le français depuis trois ans et parce que j'aime la France, le français et les Français ! Au collège, j'apprends aussi l'anglais et le latin.

Je parle l'italien parce que ma mère est italienne et aussi l'allemand bien sûr, parce que mon père est allemand.

J'aime la musique classique et les animaux. Mes animaux préférés sont les chevaux ("Un cheval, des chevaux", vous avez des pluriels bizarres en français !) et les chats mais à la maison, j'ai seulement un perroquet qui s'appelle "Sturm", ça veut dire tempête dans ma langue.

Je ne suis pas aussi sportive que toi. J'aime surtout le tennis et le cheval. J'aime bien danser aussi avec mes copains mais la danse n'est pas un sport !

Dans l'enveloppe, tu vas trouver quelques timbres allemands. Moi, ça ne m'intéresse pas beaucoup de faire une collection de timbres alors, si tu veux, je peux t'envoyer tous les timbres que je trouve. Viens me voir cet été à Stuttgart ! Ce n'est pas très loin de Lyon et on va bien s'amuser.

J'espère que tu as envie de m'écrire.

Amitiés

Ursula

# « Détective »

*Cette vieille dame, je la vois souvent. Elle est toujours dans le parc et elle a l'air de chercher quelque chose ou d'attendre quelqu'un : elle se promène et elle regarde à droite et à gauche, elle s'arrête parfois, regarde une ou deux minutes vers l'entrée du parc, puis repart un peu plus loin.*
*Je ne la connais pas. Elle est vieille : soixante-dix ans peut-être, elle a les cheveux blancs, des lunettes et porte toujours la même robe verte. Quand je reviens du collège, à midi, je passe par le parc pour rentrer chez moi, et je la vois tous les jours. J'ai toujours envie de m'arrêter près d'elle pour lui demander ce qu'elle cherche ou qui elle attend, mais c'est difficile : je ne suis pas policier !*
*Alors, comment faire pour savoir ?*
*Aujourd'hui, c'est le premier jour des vacances.*
*Je peux l'attendre dans le parc, et ensuite la suivre. Je vais savoir où elle habite, peut-être qui elle est, et connaître son secret ! C'est très amusant d'être une détective et de faire une enquête !*
*Ah ! la voilà ! Il est dix heures. Elle reste dans le parc et ensuite elle repart. Allons-y ! Je suis un peu nerveuse mais je la suis. Elle prend la rue des Écoles, passe sur le pont, et s'arrête devant un petit immeuble au numéro 35 de la rue. Maintenant je connais son adresse. Elle a l'air de chercher sa clé, et elle fait « Bouh ! », puis elle rit et elle me dit : « Allez viens ! ne reste pas là-bas ! » Elle m'a vue ! Je ne suis pas une bonne détective. Je lui dis que je la vois tous les jours, que j'ai voulu savoir... et je m'excuse. « Tu veux savoir pourquoi je me promène dans le parc ? Eh bien je suis un peu seule, alors je cherche une amie... Une fille de treize ans avec de jolis yeux bruns et un pull-over rouge comme toi ! »*
*Voilà comment, depuis ce jour, j'ai une nouvelle amie. Elle est beaucoup plus vieille que mes autres camarades, mais elle est vraiment très amusante et très gentille.*

# « *Stéphane est en retard* »

Stéphane se dépêche de rentrer chez lui. Il est en retard et ses parents n'aiment pas ça. Il revient de chez des copains, et il a oublié l'heure. Il doit rentrer le soir avant 8 heures, et il est neuf heures et quart ! Qu'est-ce qu'il va dire à ses parents ? C'est le bus qui... Non, ça ne va pas, il y a des bus tous les quarts d'heure. S'il dit qu'il a oublié son argent pour payer le bus, ses parents vont demander comment il a payé le bus pour partir ce matin. Non, ça ne va pas non plus.
« Zut ! Zut !... qu'est-ce que je vais leur dire ? Ils ne vont pas être contents ! Peut-être que dimanche, je ne vais pas pouvoir aller au cinéma. Non, il faut trouver quelque chose... « qui cherche trouve » comme dit l'oncle Alain... »
Tiens ! une idée : l'oncle Alain ! Stéphane va dire qu'il est allé dire bonjour à l'oncle Alain. Ses parents aiment bien l'oncle Alain et ils aiment bien quand Stéphane va chez lui, parce que son oncle lui parle de choses intéressantes : de géographie, d'histoire.
Voilà ! ce soir, l'oncle Alain lui a parlé de... de... de Jules César ! et c'était très intéressant, alors il a oublié l'heure. L'oncle Alain n'a pas le téléphone, donc pas de problème !
Stéphane rentre chez lui, et voit immédiatement son père qui l'attend.
« Ah ! te voilà enfin ! A 9 heures 20 !
— Je suis allé chez l'oncle Alain, et...
— Chez qui ?
— Chez l'oncle Alain, pour lui dire bonjour, et...
— L'oncle Alain, tiens tiens ! Il est là, l'oncle Alain. Alors, si tu veux lui dire bonjour, c'est le moment... »

# 5

## *« En vacances »*

Plage les Bains, le 7 Juillet

Chère Virginie,

J'avais raison de venir en vacances ici, c'est formidable ! La plage est très belle, le paysage est très romantique et il y a très peu de gens : j'ai la mer pour moi tout seul ! Il ne fait pas trop chaud et je n'ai pas pris de coups de soleil ! Je pense que toi aussi tu passes de bonnes vacances et que tu es aussi contente que moi...

Tu me connais, je ne fais pas toujours attention : eh bien je me suis trompé 3 fois de train ! La 1ère fois à Lyon, j'ai pris le train pour aller à Paris, mais je suis arrivé à Marseille ! Alors, j'ai visité Marseille et Toulon. Puis j'ai voulu reprendre le train pour Paris, mais je me suis encore trompé, et je suis arrivé à Toulouse ! C'est une jolie ville. J'en suis reparti le jour-même. À la gare, j'ai demandé quel train prendre pour Paris, mais on ne m'a pas bien compris, ou c'est moi qui n'ai pas compris, je ne sais pas ; le train est passé par Bordeaux, et il s'est arrêté à Nantes, pas à Paris !

Enfin, je suis quand même arrivé à Paris, puis à Plage-les-Bains. Je repars demain. À bientôt... si je ne me trompe pas encore !

François

# 6

## « *Le psychosociologue* »

Drinnng !
— Bonjour ! C'est pour une enquête, je...
— Ah ! Vous faites des enquêtes ? Comme c'est intéressant !
— Oui, je...
— C'est une profession un peu bizarre, non ? Mystérieuse aussi. Vous rencontrez des gens, vous posez des questions...
— Oui, justement, je voulais...
— Comment est-ce que vous choisissez les personnes à qui vous posez vos questions ?
— Eh bien, je...
— Et vous posez des questions sur tout ? Sur le dernier film de Godard, sur une marque de café, sur les voyages dans la Lune ? C'est amusant, n'est-ce pas ?
— Euh, vous...
— Et vous voyagez beaucoup, je suppose, vous n'êtes pas souvent chez vous. Vous êtes marié ?
— Euh...
— Alors votre femme ne doit pas être toujours contente. Mais elle a peut-être la même profession ? Oui ?
— Euh, écoutez...
— Ah, alors c'est mieux. Mais je suppose que vous n'avez pas d'enfants. Et vous trouvez votre profession intéressante ?
— Je...
— Oui, bien sûr, poser des questions aux gens sur leurs vacances, leurs idées, leurs projets, ce qu'ils aiment manger, écouter, boire, regarder, apprendre... ça doit être très amusant. Peut-être un peu fatigant après quelques années, non ?
— Eh bien, je...
— Oui, bien sûr, je vous comprends. Ce que je trouve formidable dans votre profession, c'est qu'il faut savoir poser des questions. Eh bien, j'ai été très heureuse de parler un peu avec vous, et je suis très contente d'avoir rencontré un enquêteur professionnel, un « psychosociologue » comme on dit maintenant. Au revoir, monsieur !
— ...!...

## « La porte »

Il était une fois une petite princesse qui était la fille du roi. Elle ne jouait jamais avec personne parce qu'elle n'avait pas de petite camarade : « Une fille de roi ne joue pas avec n'importe qui », disait sa mère. Et la princesse n'avait jamais vu d'autre enfant.
Son père lui offrait beaucoup de gâteaux et de cadeaux. Mais la petite princesse n'était pas gourmande, et elle n'aimait pas les jouets. Elle mangeait quand même les gâteaux et jouait un peu avec ses jouets... Mais sans plaisir. Autour du château, il y avait un grand parc et des murs très hauts. La grande porte du parc était fermée, et on ne l'ouvrait que quand le roi et la reine sortaient. La petite princesse ne sortait jamais : on lui disait de jouer dans le parc. Elle ne savait donc pas comment était le monde derrière le mur, mais elle connaissait bien le parc, et avait remarqué qu'il y avait dans un coin au fond du parc une petite porte dans les hauts murs. La porte était fermée à clé, mais la clé était accrochée à côté de la porte. Parfois, la petite princesse allait voir « sa » porte. Elle ne l'avait jamais ouverte, et n'avait pas demandé à ses parents si c'était dangereux de l'ouvrir.
Un jour, pendant que ses parents étaient sortis, elle a eu envie de voir ce qu'il y avait derrière ce mur. Elle a donc pris la clé et ouvert la porte. Et elle a été vraiment très étonnée :
Derrière le mur, il y avait la campagne avec des villages et des agriculteurs, et aussi des villes avec des écoles, et des enfants, beaucoup d'enfants. Mais il n'y avait pas beaucoup de jouets, alors la princesse a ouvert tout grand la porte et les enfants ont joué avec elle et avec ses jouets. Et ses jouets, maintenant, étaient bien plus beaux.

# « *Le bifteck* »

*Quand j'étais jeune, ce n'était pas comme maintenant. A cette époque-là, dans les années 70, quand on avait besoin de beurre ou de fruits, on allait à l'épicerie ou au marché ; quand on avait besoin de pain, on allait en acheter à la boulangerie, et, si on voulait de la viande, la boucherie se trouvait à côté. Tout ça, c'est fini. Il y a eu d'abord l'époque des supermarchés, et maintenant il y a le centre commercial. Ce matin j'y suis allée car j'avais envie d'un bon bifteck. Je rentrais juste de l'hôpital où j'étais restée assez longtemps parce que j'avais été très malade. A l'hôpital, il n'y avait pas de bifteck, bien sûr. Au centre commercial, comme vous le savez, on ne peut pas choisir : le client remplit une petite fiche où il écrit ce qu'il veut, et la met dans une machine. Après trois minutes d'attente, une sorte de petite voiture apporte tout automatiquement.*

*Ce matin, donc, la petite voiture est arrivée avec mon bifteck. Je l'ai pris, et je suis allée à la caisse, pour payer. J'ai mis mon bifteck dans la machine où il a disparu, et il est ressorti plus loin dans un plastique jaune. J'ai pris un billet de 100 F pour payer, mais l'employée m'a regardée tout étonnée et m'a demandé si je regardais les émissions du zoomoscope. J'ai répondu que non, que je n'avais pas de zoomoscope chez moi, mais seulement une vieille télévision en couleur avec une douzaine de chaînes. Elle a ri et m'a expliqué que maintenant on ne se servait plus d'argent. Elle n'en voulait donc pas. J'ai hésité, j'ai fouillé dans mon sac et j'ai sorti mon carnet de chèques. Elle a encore ri ; c'était fini, ça aussi. Il fallait lui donner ma clé codée. Quand elle a compris que je n'avais pas encore de clé pour payer, elle a perdu son calme :*

*— Regardez ! Votre bifteck est déjà dans son plastique jaune ! Il est donc déjà sucré ! Qu'est-ce qu'on va en faire maintenant ?*

*— Mais, mademoiselle, je ne vous avais pas dit de sucrer mon bifteck ! Je déteste la viande sucrée !*

*— C'est automatique car presque tout le monde préfère ça !... Et maintenant partez !*

*Je me suis enfuie...*

*Voilà comment j'ai évité de manger un bifteck sucré à midi.*

# « *La valise* »

Bien sûr, il aimait bien ses parents, et il s'amusait bien avec ses frères à la maison. Il n'avait pas mauvais caractère, non, mais il n'était pas content du tout ; il avait déjà treize ans et tout était encore interdit pour lui à la maison. « Il ne faut pas faire ceci... tu ne dois pas faire cela... je t'interdis... ............... de sortir... de manger... de jouer... ............... » Alors, un jour, il avait fait ses bagages : une petite valise en cuir marron foncé qu'il avait mise sous son lit. Il voulait s'enfuir sans rien dire à ses parents le jour où ils lui interdiraient encore quelque chose. Tous les soirs, avant de se coucher, il ouvrait la valise. Puis il éteignait la lumière et s'endormait tout de suite en faisant de beaux rêves : c'était formidable car il oubliait qu'il était encore à la maison, ..., et le voyage commençait... Il pouvait manger plus de cinq desserts et pas de soupe, il avait une voiture de sport, il était le chef...

On aurait dit que cette valise le rendait heureux tous les soirs.

Un jour, ses parents lui ont interdit de réparer sa mobylette dans l'appartement ; c'était le jour de son anniversaire, il est parti. Pas en mobylette — elle n'était pas encore réparée — mais en train. Il n'est pas allé très loin : il n'avait presque pas d'argent et il voulait seulement quitter sa ville. Il s'est perdu, évidemment, et le soir, mort de fatigue, sa valise de cuir marron foncé à la main, il ne savait pas où aller dormir. Il avait faim aussi. En effet, où prendre un repas, où aller dormir quand on a pas d'argent ? Le plus facile c'était de rentrer à la maison, mais... A la fin, il est allé dormir dans un parc, sur un banc. A minuit, un agent de police l'a trouvé et l'a ramené chez lui. Il ne regrettait rien, non, il était très content de cette « sortie ». Il avait pris le train, il avait visité la ville voisine, il avait essayé... Mais il était aussi très content d'être retourné à la maison : il avait retrouvé ses parents qu'il aimait bien, la sécurité, et son lit (c'est mieux qu'un banc dans un jardin public)...

Et sa valise avait retrouvé sa place, sous son lit.

Maintenant, il a quarante-cinq ans, et il a toujours une petite valise en cuir sous son lit. Je suppose que ça l'aide à rêver...

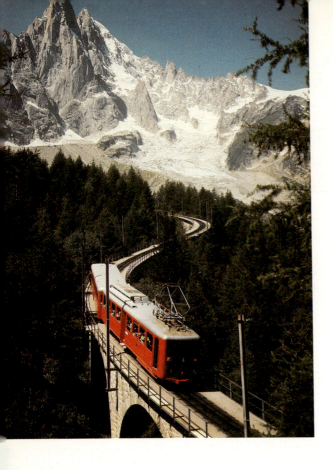

1. Le massif du Mont-Blanc : la mer de Glace
← et les grandes Jorasses.

2. En Normandie, la "traite" des vaches. ↑

# 10 « *Comment j'ai vu la France* »

Au lieu de continuer à lire des livres sur la France, j'y suis allée cette année pour la première fois, sans emporter ni guides ni cartes dans mes bagages. J'ai essayé de vivre en France avec des Français et de les comprendre. Je les ai bien observés et je n'ai plus les idées que j'avais avant mon voyage. J'ai été très étonnée par ce que j'ai vu là-bas. D'abord, il n'y a pas qu'une France, il y en a beaucoup. Je me suis rendu compte que chaque région est différente des autres. Les Français ? Il y en a des grands, des petits, des gros, des maigres, des blonds, des bruns... La langue ? Bien sûr, tous les Français (et même les étrangers — il y en a 4 500 000 en France) parlent français ; mais il ne faut pas oublier les langues régionales : le breton, le corse, le basque, l'occitan, l'alsacien... On dit que « Paris n'est pas la France ». J'ai donc voulu visiter la « France profonde », loin des autoroutes, des plages et du bruit.

J'ai fait du « camping à la ferme » dans un petit village du centre de la France. Là, on prend le temps de vivre, même si la vie est parfois dure. J'ai travaillé avec les paysans, c'est dur, mais c'est bon pour la santé et ensuite on parle mieux, on devient vraiment amis. Maintenant, j'ai un ami français : Philippe, le fils des fermiers. Il va venir me voir au Danemark, et je crois qu'il aimera mon village.

Connaître les gens, pour moi, c'est très important, c'est mieux, à mon avis, que de visiter des villes, des musées ou des monuments.

← 3. A Paris, le quartier moderne de la Défense.
4. Une usine de pétrochimie à Lacq. ↑
5. Un petit port en Bretagne. ↓

*On dit que Paris*

1. Paris vu d'avion : à gauche, la Tour Eiffel. ↑
   Puis la Seine et le Palais de Chaillot (Trocadéro).
2. Le Palais de Justice et la Conciergerie. →
   sur la Seine, un "bateau-mouche".
3. Le joueur d'orgue de Barbarie. ↑
4. Le Palais omnisports de Bercy. ↓

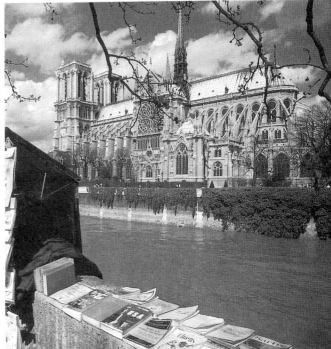

4. Le Moulin Rouge à Pigalle. ↑
5. La Place de la Concorde : l'Obélisque et les Fontaines. ↑
6. Jeunes au Forum des Halles. ↑
7. Notre-Dame de Paris. →

8. 9. 10. Montmartre. Place du Tertre ↓
les peintres du dimanche.

↑ 1. Nice, sur la Côte d'Azur.
↓ 2. Saint-Paul-de-Vence, en Provence.
↓ 3. Le port de St-Tropez.

*Chaque région est différente des autres...*

1. Une station de sports d'hiver : les Deux-Alpes. →
2. Kayserberg, un village du Haut-Rhin dans l'Est. ↓
3. En Alsace, des fillettes en costume traditionnel. ↓
4. En Polynésie Française, l'Île de Bora-Bora. ↓

# Visiter les monuments...

← 1. Toulouse : Le centre ville et la place du Capitole.
↓ 2. Le château de Chenonceaux, construit par le roi François 1er.
↓ 3. Les arènes d'Arles : un amphithéâtre d'origine gallo-romaine.

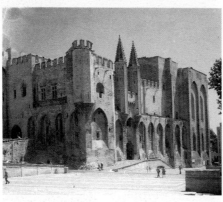

↑ 4. Avignon : Le palais des Papes.
↓ 5. Le château de Versailles, construit par Louis XIV, vu du côté des jardins.

# Connaître les siens...

↑ 1. Dans une cave de Champagne, le caviste.
↑ 2. Des marins bretons, à Concarneau.
← 3. Un vieil homme en Corse.
← 4. Un paysan de Corrèze.
↑ 5. Un travailleur immigré.
6. Une tahitienne en paréo. →

## TABLE DES MATIÈRES

| | | |
|---|---|---|
| Leçon 1 | Projet de départ | 4 |
| Leçon 2 | Une mission pour SEE 24 | 10 |
| Leçon 3 | Ça va être chouette! | 16 |
| Leçon 4 | Une jolie ville | 22 |
| Leçon 5 | Qu'est-ce que tu as fait hier soir? | 28 |
| Leçon 6 | Drôle de langue, le français! | 34 |
| Leçon 7 | Tu as vu les fraises? | 40 |
| Leçon 8 | Renseignements | 46 |
| Leçon 9 | Les Français sont bizarres | 52 |
| Leçon 10 | Ah, cet oncle Antoine! | 58 |
| Leçon 11 | Aux objets trouvés | 64 |
| Leçon 12 | Le porte-documents | 70 |
| Leçon 13 | Rock ou disco | 76 |
| Leçon 14 | Vraie musique ou fausse monnaie | 82 |
| Leçon 15 | Au voleur! | 88 |
| Leçon 16 | Une voiture rouge ou orange? | 94 |
| Leçon 17 | Bon voyage! | 100 |
| Leçon 18 | Au restaurant | 106 |
| Leçon 19 | A la campagne | 112 |
| Leçon 20 | Fête de la musique | 118 |
| FUGUES | | 125 |

### RÉFÉRENCES PHOTOGRAPHIQUES

AIR FRANCE : 47 hg ; ARCHIVES NATHAN : Bulloz 50 bg ; BULLOZ : 139 bg ; CEDRI/SAPPA : 139 mb, 139 hd ; CHAMBRE SYNDICALE DE L'AFFICHAGE ET DE LA PUBLICITÉ : 44 mh ; CHARMET : 123 d ; CLÉ INTERNATIONAL : 33, 44 hg, 44 hd, 94 hg ; DIAF : 113 hd ; EDIMEDIA : 63 h ; ÉDITIONS BALLAND Carelman : catalogue des objets introuvables ; DUPUIS : « BILL EST MABOUL » ; EXPLORER : Anderson-Fournier 140 g ; Bertrand : 112 h ; Claye 139 bd ; De Foy : 104 hg ; Delu : 14 hg, 137 b ; Dorval : 8 ; Dupont : 140 hg ; Errath : 46 hg ; Gérard : 140 g (2$^e$) ; Loirat : 101, 140 bg ; Lorne : 140 g (3$^e$) ; Moisnard : 35 bd, 47 hd, 143 bd ; Montagard : 112 mb ; Nacivet : 116 hd, 125 ; Nadeau : 140 bg ; Noémie : 88 ; Pilloud : 112 mh ; Salou : 142 hg ; Sommer : 11, 108 ; Thomas : 48 ; FOTOGRAM : Cherville : 57 bg ; Corson : 53 hg ; Déja : 94 md ; Frepel : 52 bd ; Loucel : 35 bg ; GAMMA : Assier : 116 hg ; Gamma Liaison : 99 b ; Mermet : 21 hd ; Montes : 10 ; Photo News : 57 hd ; Vioujard : 44 bg, 44 bd, 117 hd ; GIRAUDON : 75 ; LABAT : 70, 93 hg, 94 hd ; MAGNUM : Barbey : 82 h, De Andrade : 47 m ; Hopker : 95 d ; Mc Cullin : 94 mg ; Peress : 83 ; MUSÉE BAGNOL-SUR-CEZE : 87 d ; PIX : 14 hd, 14 b, 21 hg, 26 b, 113 bd, 117 bg, 136 d, 141 h, 142 hd ; Benazet : 139 mg ; Chappe : 142 mg ; Cornier : 60 ; D'Amboise : 22 h, 22 bg, 26 h ; De Laubier : 52 hd ; Dupuy : 117 bd ; Éditions Arthaud : 27 hd, 141 bd ; Gontscharoff : 140 hd ; Halary : 137 hg ; 141 bg ; Le Doare : 143 hd ; Lerault : 34 hg, 82 bg, 124, 136 hd ; Moes : 143 mg ; Perdereau : 143 md ; Perrin : 104 b ; Planchard : 27 hg ; Poinot : 21 bd, 21 bg ; Riby : 22 bd, 23 ; Santa Marina : 64 ; Teoule : 140 g (5$^e$) 142 b ; PREFECTURE DE POLICE : 82 hg ; RAPHO : Bibal : 140 m ; Carlebac : 57 bd ; Charles : 34 bg, 34 bd, 53 m, 53 d ; Clery : 93 bd, 106, 107 ; Cuny : 141 m ; Dailloux : 82 bg ; De Sazo : 94 b, 138 b ; Doisneau : 46 b, 52 hg ; Dorly : 57 hg ; Ducasse : 65 ; Goldman : 46 hd ; Guerin : 93 hd ; Halary : 138 hg ; Kerdiles : 51 b ; Michaud : 34 hd ; 123 g ; Pasquier 138 hg ; Randic : 34 m ; Ross : 47 bg ; Saint Pierre : 113 hg ; Santos : 99 hg ; Sarramon : 143 mg ; Serrailler : 51 hg ; Silvester : 142 md ; Smith : 99 hd ; Weiss : 44 mb, 45, 52 bg ; RENAULT : 95 g ; RÉUNION DES MUSÉES NATIONAUX : 87 g ; ROGER-VIOLLET : 50 hg, 63 b, 110 ; SNCF : 105 ; SYGMA : Bich : 104 hd, Cheron : 51 hd ; Guichard : 112 b ; Karel : 84 h ; Korody : 99 mg ; Laffont : 99 md ; Ledru : 50 bg, 113 bg ; Orban : 80 m, 121 ; Pavlovsky : 93 bg ; Persuy : 52 bm ; Philippot : 100 ; TOP : Barberousse : 53 g ; VIVA : Battistini : 139 hg ; Cabuteau : 117 hg ; Gonzales : 143 mg ; Malanca : 139 bm ; Perrin : 137 hd, 139 mhd.

Maquette : Pascale MAC'AVOY.

Aubin Imprimeur
LIGUGÉ, POITIERS

Achevé d'imprimer en janvier 1988
N° d'édition CL 44972 VII (P.F.c.VII) C. / N° d'impression P 25978
Dépôt légal janvier 1988 / Imprimé en France